菩萨戒品释

宗喀巴 撰文

法尊 译

青海人民出版社

图书在版编目（CIP）数据

菩萨戒品释 /（元）宗喀巴撰文；（清）法尊译. -- 西宁：青海人民出版社，2017.4（2019.6重印）
ISBN 978-7-225-05306-6

Ⅰ. ①菩⋯ Ⅱ. ①宗⋯ ②法⋯ Ⅲ. ①佛经—注释 Ⅳ. ①B942

中国版本图书馆 CIP 数据核字（2017）第 055536 号

菩萨戒品释

[元] 宗喀巴 撰文
[清] 法 尊 译

出 版 人　樊原成
出版发行　青海人民出版社有限责任公司
　　　　　西宁市五四西路 71 号 邮政编码：810023 电话：(0971)6143426(总编室)
发行热线　(0971) 6143516 / 6137730
网　　址　http://www.qhrmcbs.com
印　　刷　青海新华民族印务有限公司
经　　销　新华书店
开　　本　720mm×1010mm　1/16
印　　张　11.5
字　　数　100 千
版　　次　2017 年 4 月第 1 版　2019 年 6 月第 2 次印刷
书　　号　ISBN 978-7-225-05306-6
定　　价　39.00 元

版权所有　侵权必究

内容提要

《菩萨戒品》即无著菩萨《瑜伽师地论·本地分菩萨地初持瑜伽处戒品》，乃全书第四十卷至四十二卷首。分总明持戒、广辨戒相和总结劝学三部分。第二部分为主体，说明菩萨戒相，包含四种重戒和四十余种轻戒。重戒为：一、贪求利养恭敬，自赞或毁他；二、他求财法，悭悋不施；三、忿恼有情，不受谏谢；四、谤大乘法，说相似说。轻戒为：一、不供养、颂赞、信念三宝；二、贪著利养、恭敬无厌；三、不敬长老，不答来问；四、不受他请；五、不受施物；六、求法不施；七、弃舍犯戒有情；八、于诸遮罪不应与声闻共学而共学；九、为利他故七支性罪应开不开；十、邪命不舍；十一、威仪不静；十二、不乐涅槃；十三、于恶声誉不护不雪；十四、护他忧恼不作调伏；十五、报复瞋打骂弄；十六、犯他不忏谢；十七、不受他忏谢；十八、于他怀恨坚持不舍；十九、染心畜徒众；二十、贪睡眠倚卧；二一、贪无义语虚度时日；二二、不求教授；二三、不除盖障；二四、贪世间禅；二五、轻弃声闻乘；二六、舍菩萨藏专学声闻藏；二七、未精佛教，研异学、外论；二八、爱乐异、外论；二九、谤菩萨藏甚深法义，三十、怀爱恚心，自赞毁他；三一、不往听正法；三二、轻慢说法者；三三、不为助伴；三四、不瞻病苦；三五、见作非理不为说正理；三六、不报恩惠；三七、不慰忧恼；

三八、求财不施；三九、不以财法摄受徒众；四十、不随他心转；四一、他实有德不欲赞扬，四二、不折伏行非法者；四三、不现神通引摄制伏。轻重诸戒各分上、中、下品，各有舍不舍戒及可否悔除的界限。总结归纳可分为三类，即摄律仪戒、摄善法戒、饶益有情戒。第一类即七众别解脱戒和十善戒，文中没有详列。

印度注本有海云《瑜伽师地论菩萨地释》，德光《菩萨戒品疏》、月官《菩萨律仪二十颂》、最胜子《菩萨戒品大疏》、静命《律仪二十颂疏》、觉贤《菩萨律仪二十颂释难》等，已译成藏文。宗喀巴大师认为菩萨戒为波罗蜜多与金刚乘的共同律仪，于是采诸家之说，参诸经论，揉以己见，作集大成之《菩萨戒品释》。1399年底，在拉萨与《事师五十颂》《宗密十四根本戒》一同宣讲，针对当时自称大乘、不守律仪、假借密法胡作非为的人而发，开启从戒律入手整顿佛教的先声。其独到见解，对非金刚乘学人亦有裨益。

科　判

甲一　摄为嗢柁南

甲二　释嗢柁南义分六

　乙初　自性略标分二

　　丙初　自性分四

　　　丁初　功德数量

　　　丁二　功德所作

　　　丁三　此诸功德因果道理

　　　丁四　德数决定

　　丙二　戒殊胜分四

　　　丁初　妙善

　　　丁二　无量

　　　丁三　饶益

　　　丁四　大果胜利

　乙二　一切广释分三

丙初　释所受戒分四

　丁初　差别

　丁二　自性分三

　　戊初　律仪戒

　　戊二　摄善法戒分三

　　　己初　略标

　　　己二　广释分八

　　　　庚初　发生三慧

　　　　庚二　于殊胜田积集资粮

　　　　庚三　随喜功德及有德者

　　　　庚四　习近堪忍

　　　　庚五　回向发愿

　　　　庚六　供养三宝

　　　　庚七　修不放逸

　　　　庚八　修资粮所依之善

　　　己三　摄义

　　戊三　饶益有情戒

　丁三　圆满之因分三

　　戊初　律仪戒圆满因分十

　　　己初　不顾过去诸欲

　　　己二　不乐未来诸欲

　　　己三　不著现在诸欲

己四　乐住远离

　　己五　言论寻思悉皆清净

　　己六　不自轻蔑

　　己七　柔和

　　己八　堪忍

　　己九　不放逸

　　己十　轨则正命清净分二

　　　庚一　轨则清净或行清净

　　　庚二　正命清净

戊二　摄善法戒圆满之因

戊三　饶益有情戒圆满之因分十一

　　己初　饶益求助伴者分二

　　　庚初　助伴事业

　　　庚二　助伴有苦

　　己二　饶益愚于正理者

　　己三　饶益有恩

　　己四　救济怖畏

　　己五　开解忧恼分二

　　　庚初　丧亲生忧

　　　庚二　耗财生忧分二

　　　　辛初　一切世人共同苦因

　　　　辛二　不共分二

　　　　壬初　由自未善分二

　　　　　癸一　未善守护所有财产者

　　　　　癸二　于诸财宝未善招集者

　　　　壬二　因他令失

　　己六　饶益匮乏资具者

　　己七　饶益求依止者

　　己八　饶益求随心转分二

　　　　庚初　略标

　　　　庚二　广释分七

　　己九　饶益正行

　　己十　饶益邪行

　　己十一　饶益应现神通调伏之有情分二

　　　　庚初　以神通恐怖

　　　　庚二　以神通引摄

　丁四　摄义

丙二　释受戒法分二

　丁初　总义

　丁二　正义分二

　　戊初　有师法分三

　　　己初　加行法分五

　　　　庚初　请白分二

　　　　　辛初　补特伽罗差别分二

　　　　壬初　身差别

　　　　壬二　境差别

　　　辛二　受法差别分二

　　　　壬初　受者受法之差别

　　　　壬二　境授法之差别

　　庚二　修集资粮

　　庚三　劝速授戒

　　庚四　修胜欢喜

　　庚五　问障难

　己二　正行法

　己三　结行法分四

　　庚初　请证

　　庚二　赞扬胜利

　　庚三　礼谢供养

　　庚四　不应率尔宣说律仪

　戊二　无师法

丙三　释守护法分二

　丁初　总明守护法

　丁二　别释分六

　　戊初　所断罪犯分二

　　　己初　他胜类分五

　　　　庚初　他胜自体分二

辛初　此论所说分二

　壬初　共

　壬二　不共

辛二　余论所说

庚二　他胜所作或过患

庚三　三种差别

庚四　可还净之殊异

庚五　舍戒因缘

己二　恶作类分二

庚初　总标

庚二　别释分二

　辛初　违犯摄善法分六

　　壬初　违犯布施分五

　　　癸初　正障财施

　　　癸二　坏悭吝对治

　　　癸三　违犯无畏施分二

　　　　子初　属于殊胜境

　　　　子二　属于总境

　　　癸四　不为他作布施之缘分二

　　　　子初　不受他请

　　　　子二　不受资具

　　　癸五　违越法施

壬二　违犯持戒分三

　癸初　重于违他分二

　　子初　正明重违他分三

　　　丑初　弃舍增上可怜愍境

　　　丑二　不学共制

　　　丑三　学不共制

　　子二　显于性罪学习之差别分七

　　　丑一　开杀生

　　　丑二　开不与取

　　　丑三　开欲邪行

　　　丑四　开妄语

　　　丑五　开离间语

　　　丑六　开粗恶语

　　　丑七　开绮语

　癸二　重于违自分三

　　子初　失坏净命

　　子二　失坏轨则

　　子三　味著三有

　癸三　自他俱违分二

　　子初　不护自称

　　子二　不作利他猛利加行

壬三　违犯忍辱分三

癸初　不住忍因

癸二　不断瞋心相续分二

　子初　自不断除

　子二　他不断除

癸三　不住对治

壬四　违犯精进分三

癸初　下劣加行

癸二　全无加行

癸三　贪恶劣事

壬五　违犯静虑分三

癸初　加行过失

癸二　正行过失

癸三　结行过失

壬六　违犯般若分二

癸初　对下劣境分四

　子初　诽谤小乘

　子二　一向勤学声闻乘法

　子三　一向勤学外道书论

　子四　于外道论爱乐修学

癸二　对殊胜境分三

　子初　诽谤慧境

　子二　于果邪行

子三　失坏慧因分二

　　丑初　不注听闻

　　丑二　于闻境邪行

辛二　违犯饶益有情分二

　　壬初　对总境分二

　　　癸初　不与义利

　　　癸二　不拨损害分二

　　　　子初　不为拨苦分二

　　　　　丑初　不拨别苦

　　　　　丑二　不拨总苦

　　　　子二　不除苦因

　　壬二　对别境分二

　　　癸初　不作饶益分六

　　　　子初　于有恩邪行

　　　　子二　于忧恼邪行

　　　　子三　于有贪邪行

　　　　子四　于徒众邪行

　　　　子五　于随顺邪行

　　　　子六　于有德邪行

　　　癸二　不作降伏分二

　　　　子初　不纠行非法者

　　　　子二　不转圣教者

戊二　于罪护心之法

戊三　犯已还出之方便

戊四　佛说贪心罪轻之密意

戊五　犯罪大小之差别

戊六　安乐住缘

乙三　释其差别分七

丙初　难行戒分三

丁初　第一难行

丁二　第二难行

丁三　第三难行

丙二　一切门戒

丙三　善士戒

丙四　一切种戒

丙五　遂求戒

丙六　此世他世乐戒

丙七　清净戒

乙四　尸罗胜利分二

目录

卷一 …………………………………… (1)
卷二 …………………………………… (37)
卷三 …………………………………… (67)
卷四 …………………………………… (95)
卷五 …………………………………… (131)

菩萨戒品释 卷一

顶礼曼殊室利童子摩诃萨埵！

　　敬礼大悲所励意，荷难行担无量劫；
　　到无上位发大音，醒觉众生无明眠。
　　佛法王位所嘱受，绍胜法王地自在；
　　阿逸多尊净事业，惟愿将护诸含识。
　　慈尊双足悦意莲，接者吉祥皆增广；
　　恭敬顶戴绍胜子，稽首圣者无著足。
　　无胜口传胜教授，谓誓受学佛子行；
　　正修次第此中释，乐大乘者当敬听。
　　颇有自许为大乘，然于佛子进止处；
　　慧眼瞑闭有余者，盍诵论文于要处。
　　乐修大乘为佛子，惟一净道胜教授；
　　未能获得决定解，弃舍佛制放逸行。
　　犹如醉象无钩制，波心于此无爱乐；
　　大乘种力不下劣，有善根者增欢喜。

　　此如《曼殊室利根本经》授记云："无著苾刍者，善巧诸论义，了不了义经，分别为多种。照了诸世人，释经为本性，其所成明咒，名萨罗使女。此由咒势力，发生贤妙慧，为圣教久住，摄经真实义。年活百五十，身坏生天趣，流转生死中，恒受诸安乐，大士最后边，当得大菩提。"谓广发大愿，住持正法，多生修积无量资粮，获得法流妙三摩地，已到自他宗海彼岸，择法慧力，余难测量，名圣无著。此从慈尊总得听闻无量法门，特广听

闻大乘道果。总摄此义，著一大论，曰《菩萨地》。虽其如是，然于大乘宿少修习，观慧下劣，精进微弱，故于此论犹不能学。由见是已，为利彼故，《菩萨地》中《戒品》之义，令诸狭慧易解而释。

先如教授发菩提心，是为佛子诸行所依。次若不以受菩萨学，受律为先学菩萨学，无时能趣无上菩提。故此即是三世菩萨惟一大道。《菩萨地》中说三聚戒后云："过去菩萨求大菩提已于中学，未来当学，普于十方无边无际诸世界中，现在今学。"《戒品释》亦云："若有士夫，已发无上大菩提心，人大乘门，为利自他，勤修福德智慧资粮。如是士夫，许为大乘，应当安住菩萨律仪。菩萨学者，经中说为波罗蜜多等，若于此中不学不信，纵谓大乘，亦惟随逐自许而转，非真实者。"

又虽发菩提心，若于学处不勤修学，决定不能得大菩提。故求菩提，当学学处而为心要。《圣三律仪经》云："迦叶！若善男子，若善女人，入菩萨乘，闻如是法，若不无间殷重修行，此定不能现证无上正等菩提。所以者何？迦叶！要勤修行，乃证无上正等菩提，非无修行。迦叶！若无修行，能证无上正等菩提，猫兔亦当现证无上正等菩提。所以者何？迦叶！若无修行，彼证无上正等菩提。迦叶！声于无上正等菩提现等觉故，云当成佛，无量有情皆当成佛。"

若谓已受菩萨律仪修菩萨学，是入波罗蜜多乘者。若入密咒则不须尔，故非一切菩萨共道。

此乃最大邪执，《三补止经》《金刚空行经》《金刚顶经》等皆云："我发最殊胜，无上菩提心，戒学、摄善法，及饶益有情。我于三聚戒，别别坚固持。"此说若受金刚乘律仪，须先发心受学三戒，续乃受持五部律仪。堪为依据曼陀罗轨，亦多宣说受共不共二种律仪。其共同者，即菩萨律仪故。又发心已受菩萨学，如其所学，除学三学或六度外，波罗蜜多大乘中亦无余道故。四部密咒随入何门，皆须此故。故发大心与六度道，是金刚乘与波罗蜜多乘二所共道。诸密咒师于一切种不应弃舍，如《曼殊室利根本经》云："若具三法，咒行圆满。何等为三？谓不弃舍一切有情，守护菩萨净戒律仪，不舍自咒。"《金刚顶经》云："六波罗蜜行，如次应当学，具足有情利，而行菩萨行。"《金刚幕》第十二品云："我发最胜菩提心，希有请唤诸有情，正行菩提殊胜行，为利众生愿成佛。"故二大乘虽有少分开遮不等，多分共同。故当了知波罗蜜多乘及密咒乘随入何门，决定须受如是律仪。

今释戒品，其中分二：

【科】甲一　摄为嗢柁南

　　　甲二　释嗢柁南义

　　　初者（科目甲乙及一二等，为便观阅，译者所加）

云何菩萨戒？如略摄戒嗢柁南云："自性、一切难、一切门、善士、一切种、遂求、二世乐、清净、如是九种相，是名略说戒。"谓九种相。其自性戒者，谓戒总相。一切戒者，谓广宣

说戒事差别。难行戒者，谓入难行不共差别。一切门戒者，谓由何入或如何入所有差别。善士戒者，谓修行者所依差别。一切种戒者，谓相差别。遂求戒者，或如大疏谓除苦作用，或境及所作二事差别。二世乐戒及清净戒者，谓果差别，如其次第断证差别。

【科】甲二　释嗢柁南义分六

　　乙初　自性略标

　　乙二　一切广释

　　乙三　释其差别

　　乙四　尸罗胜利

　　乙五　尸罗总摄

　　乙六　尸罗所作

　　乙初分二

　　　丙初　自性

　　　丙二　殊胜

　　　丙初分四

　　　　丁初　功德数量

论曰："云何菩萨自性戒？谓若略说具四功德，当知是名菩萨自性戒。何等为四？一、从他正受。二、善净意乐。三、犯已还净。四、深敬专念无有违犯。"（论文系将奘师译者加入，以便对阅）

【释】云何自性戒？谓若略说具四功德：一、从他正受功德。二、善净意乐功德。三、犯已还净功德。四、深敬专念无有犯违功德。

【科】丁二　功德所作

论曰："由诸菩萨从他正受故，于所学戒若有违犯，即观他深生愧耻。由诸菩萨善净意乐故，于所学戒若有违犯，即内自顾深起惭羞。由诸菩萨于诸学处犯已还净，深敬专念初无违犯，二因缘故，离诸恶作，如是菩萨从他正受善净意乐为依止故，生起惭愧。由惭愧故，能善防护所受尸罗。由善防护所受戒故，离诸恶作。"

【释】由从他受，若于学处犯缘现前，外恐他诃，便于恶行深生愧耻。由净意乐，若于学处犯缘现前，内顾自法，即于恶行深生惭羞。由犯还净初无违犯二因缘故，离诸恶作。谓由正受及净意乐为所依故，生起惭愧。若有惭愧由初无犯，及犯还净守护尸罗。由如是护，见无毁犯即无恶作，此等正为显示斯义，谓受律仪者，须以如理观察妙慧于自相续任何观察，全不见有粗细违犯，相续清净意无忧悔。能如是者，须从最初励力无犯。由忘念等设有误犯，不宜舍置，当由悔除及防护等还净还出。能有此者，必须具足最大惭愧。能生此者，受律仪时须于具相知识而受，能受意乐，须由诚心，非为随逐他人转等，须以殊胜意乐而受，非活命等下劣意乐。故于初二因当殷重学。

有释说云："初德为受，后三是护。"然本论中说初二德是能护因。《律仪二十颂》亦云："此以胜意乐，从智住律仪，有

能师前受。"故初二德能受品摄，后二功德守护品摄。

又此律仪，未遇师时，想佛菩萨于彼前受，虽亦能生，然说从他受者，显示若有师可得时，求善知识定当从受。从师受者，于护学处，易于生起爱乐恭敬，净尸罗故。如《集学论》云："受律仪者，当从乐修菩萨学处具律前受。若如是受，违越学处，深生羞惭，恐诳师长深生怖畏。无须特修能生喜敬，故诸菩萨，此学处中欲修何学？于如来前而正受取。"

【科】丁三　此诸功德因果道理

论曰："又于是中，从他正受。善净意乐，此二是法。犯已还净，深敬专念无有违犯，此二是前二法所引。"

【释】前二　功德能引后二，故当了知前二为因，后二是果。引生道理，如前所说。

【科】丁四　德数决定

论曰："又于是中，从他正受。善净意乐，深敬专念无有违犯。由此三法，应知能令不毁菩萨所受净戒。犯已还净。由此一法，应知能令犯已还出。"

【释】何故功德决定为四？答：尸罗清净，定须二事，谓初无违犯，及犯已还净，从他正受，清净意乐，专念无犯，由此三法令无违犯。犯已还净，由此一法犯已还出，故四决定。

诸释论中摄四功德凡有四说。初一为受，后三随护，是初家义。意乐有一，加行有三，是二家义。净意为受，三为戒性。其能受中，凡有三受，一自语威肃，二为他福田，三得自在力不损众生。戒性亦三，一谓所受戒，所还净戒，所守护戒，是三家义。二为清净尸罗之因，二为其果，是四家义。

【科】丙二　戒殊胜分四

丁初　妙善

丁二　无量

丁三　饶益

丁四　大果胜利

初者

论曰："如是菩萨具四功德自性尸罗，应知即是妙善净戒。正受随学能利自他利益安乐无量众生，哀愍世间，诸天人等令得义利利益安乐故。"

【释】正受随学，具四功德自性尸罗，有何功德？答：能利他等。其声闻等自利益者，为见圣谛永断烦恼及诸苦故，少事少业寂静调伏而修正行。菩萨自利者，谓二断二智。利益他者，谓初发心时，即修利益有性无性二类有情。解释利益无种性中"利益无量众生"者，谓暂救恶趣，其不善法未生不生，生已令断。"安乐无量众生"者，谓安立善趣，所有善法未生令生，生已令长。"哀愍世间"者，谓五种性诸众生中，于憎圣教及无善根，并虽是法器，然已颠倒堕落，往诸恶趣犹如旅客者，不舍利益安乐意乐，待可度时。解释利益有种性中"诸天人等令得义利"者，谓立有种性者，入沙门道。"令得利益"者，谓令住资粮道及加行道，以此能行诸沙门道。"令得安乐"者，谓由轻安身心

适悦，现法乐住，及解脱乐，由如是等诸因相故，"善"为无欺。诸释论中虽多异说，姑且不录。

【科】丁二　无量

论曰："应知即是无量净戒，摄受无量菩萨所学故。"

【释】总摄菩萨无量学处

【科】丁三　饶益

论曰："应知即是饶益一切有情净戒。现前能作一切有情利益安乐故。"

【释】于因果位，皆能利益安乐有情。

【科】丁四　大果胜利

论曰："应知即是能获大果胜利净戒，摄受随与无上正等菩提果故，是名菩萨自性戒。"

【释】于菩萨时能自摄受大菩提果，是名大果。于成佛时随与他果，名大胜利。又诸声闻所有三学是初善等，菩萨惟戒，即有三善。初发心时利益自他及其广释，是名初善。饶益有情，是名中善。大果胜利，是名后善。

【科】乙二　一切广释分三

　　丙初　释所受戒

　　丙二　释受戒法

　　丙三　释守护理

　　丙初分四

　　　丁初　差别

丁二　自性

丁三　圆满之因

丁四　摄义

初者

论曰："云何菩萨一切戒？谓菩萨戒略有二种：一在家分戒，二出家分戒，是名一切戒。又即依此在家出家二分净戒，略说三种：一律仪戒。二摄善法戒。三饶益有情戒。"

【释】何等名为菩萨净戒？此中有二：

戊初、所依差别者，广说所依虽有多种，总略为二。一在家菩萨分摄。二出家菩萨分摄。此等身中所有净戒，名一切戒。以是菩萨在家出家一切之身所学戒故。最胜子云："三趣之中，恶趣天趣法性所得，是在家戒。于人趣中有二种戒。"传为云海所作释云："恶趣色界无从他受，有法性得，是在家戒。欲天及人，有法性得，及从他受，故有在家出家二分。菩萨律仪死没不舍，随生何处，有由法性所得净戒。"

总之，菩萨律仪死殁随行，通三趣有虽为应理，然判在家出家二分者，是依菩萨具与不具勤策男等出家五众律仪而说。

戊二、自性差别者，又依二分所有净戒略为三种，谓律仪戒、摄善法戒、饶益有情戒。此三尽摄菩萨所护一切戒故。何故净戒定分为二，诸释论中多作是说："为令随顺声闻乘中三律仪数，一、压伏烦恼为别解脱。二、有缘现前暂令不起为静虑律仪。三、断其相续为无漏律仪。"

然诸菩萨惟二所作，谓为成熟自内相续及他相续。初作所中，二事决定，远离恶行，摄集妙行，即律仪戒及摄善法。成熟他中，须饶益有情戒，故三决定。若作此说则为善哉！何故三种净戒次第如是决定，如传为云海释云："共诸声闻能断（即防非义）净戒，为后二因。不共戒中，若自未度而欲度他不应正理，经说自未寂静不能静他。故未先修摄善法戒不能利他，故次第决定。"此说应理。

【科】丁二　自性分三

戊初　律仪戒

论曰："律仪戒者，谓诸菩萨所受七众别解脱律仪。即是苾刍戒、苾刍尼戒、正学戒、勤策男戒、勤策女戒、近事男戒、近事女戒，如是七种。依止在家出家二分，如应当知，是名菩萨律仪戒。"

【释】七众别解脱律仪中，苾刍男女及正学女、勤策男女所有净戒，是出家分。近事男女所有净戒，是在家分。别解脱戒虽有八众，然未宣说近住戒者，如《律仪二十颂释难论》云："受一昼夜，非难行故，非远欲故，于长夜中不随转故，非此所应，故未宣说。"传为云海释说："谓是近事住于近住，近事中摄故未宣说。正学女律，是苾刍尼律仪中摄。"未见应理。

设作是问：菩萨所有律仪戒中，除七众戒，有无余戒？若有，则违《菩萨地》中除七众戒，未说余戒。若为无者，别解脱戒死没即舍，具菩萨律死没即应无律仪戒。天身菩萨，应不可受菩萨律学三聚戒。答：若是出家具菩萨律，五众随一别解脱戒，是律仪戒。若是在家近事男女，具菩萨律，二众随一别解脱戒，为律仪戒。例如天人，其身不堪受别解脱律仪，具菩萨戒，断十不善，或断身语七种不善，是律仪戒。此七能断，断除性罪，共同七众别解脱戒，非是真实别解脱律。如《道炬论释》云："律仪戒者，谓护制罪七众别解脱律仪，及护性罪护十不善。"初是真实别解脱戒，后者惟是共同七众别解脱戒。《庄严密意论》亦云："其律仪戒，亦是遮戒，谓以七支能断为相，无贪无瞋正见三法，是彼发起。"又云："若具发起尸罗增上，为十善业道。"《律仪二十颂释难论》云："如《菩萨地》，说七众别解脱为律仪戒。其义当知，别解脱律仪，即是菩萨律仪之支，是为一分。故若具足别解脱律仪，即成正受菩萨律仪之器，亦当授予如此学处。离遮杀生等非是余戒。若尚不能遮杀生等，亦非正受菩萨所有律仪之器。"谓若不乐离杀生等，非生菩萨律仪之器。离杀生等之理，意为共同别解脱戒，故释《菩萨地》义，谓七众别解脱，是为菩萨律仪一分。

具菩萨律，如下当说，虽有开许身语七支杀生等时。然杀生等非有不共别解脱过。譬如除酒，余诸制罪，虽开病人，然总具足苾刍律仪，皆应遮止。又如正受苾刍律仪，无定支分，须尽断一切罪欲乐而受。身语七支除例外时，如别解脱，乃至失命守护莫犯。故《道炬论》云："恒具余律仪，七众别解脱，有菩萨律仪，善根而非余。"此颂显示，初发业者，若无七众别解脱戒随

一,则无善根发生殊胜净戒律仪。若无共同七众别解脱断除性罪,全无善根生菩萨律仪。非说七众真别解脱若无一种,即便不生菩萨律仪。《道炬论释》云:"今欲显示净戒律仪殊胜所依。"又此颂文是摄前引菩提贤释所有略义(即《廿颂释难论》)。又于此义昔有二家:一、菩萨律仪若生若住,须别解脱为所依止,名有依家。二、执别解脱为声闻戒,说能障碍菩萨律仪,为无依家。有依家云:"经说菩萨别解脱戒,故大小乘俱有七众别解脱戒,总以七众别解脱戒不损害他为所依止。凡饶益他皆不损故,又大小乘别解脱戒所有差别谓以能相续,随护他心,犯可还净,为求利他意乐所显,及此相违。若谓离别,决定无总。然小乘别解脱,非其所依。大乘别解脱,即菩萨学处,自为自依亦有违者,无此相违失。《宝云经》说,别解脱律仪,异菩萨学处故。又大乘七众戒,受及守护等,俱如毗奈耶。"

　　此不应理,若须七众别解脱戒为生起依,天应不生菩萨律仪。若为住依,及是死没相续不舍,天及傍生亦应有苾刍等。又菩萨律仪,不须别解脱为生起依者,《庄严能仁密意论》云:"若作是说,安住随一别解脱律仪,谓近事男,近事女,勤策男,勤策女,正学女,苾刍,苾刍尼,乃至命存七众别解脱律仪。乃可正受菩萨律仪,非余可受,余者不生菩萨律仪故。此于大乘未多劬劳。若无别解脱律仪,即便不生菩萨律仪,则菩萨藏及其释论,应当说此为彼根本。此定当说,譬如大乘乃至菩提归依三宝。"故菩萨地律仪戒时,说为七众别解脱者,应当了知俱通二

分，谓真七众别解脱戒，及别解脱与菩萨律二所共同断除性罪，不当执为单说七众。其断性罪共别解脱律仪戒者，与受菩萨律仪同时而生，故与菩萨律仪，全无所依能依之义。虽未先受真实七众别解脱戒，菩萨律仪亦能生起。然是堪受别解脱身，定当先受在家出家随一别解脱戒。不尔则与佛教渐次成相违故。譬如未受勤策律仪，即便直受苾刍律仪虽能生起，然不应尔。

无依家云："若未止息自利意乐，菩萨律仪决定不生，是生障碍。若先具足菩萨律仪，起自利心，即失律仪，是住障碍。"此是未判别解脱律仪，与小乘意乐二者差别所起错误。谓生菩萨律仪，虽须弃舍小乘意乐，然别解脱非所应舍，又先具足大乘律仪，发小乘心虽失大乘，然亦非舍别解脱戒，以别解脱两乘共故。又彼意乐，为令弃舍别解脱因不应理故。又若先具别解脱律之身，受上律仪，最圆满故。

由于是缘，若说住上律仪，即舍下者，是为斩断佛教根本，是大冰雹摧残众生利乐稼穑，是邪分别，未了上下经论扼要，故当远离。为欲遮此邪分别故，《圣三律仪经》云："故当随顺如所宣说别解脱戒。迦叶！若思违背别解脱戒，即思违背佛力无畏。若思违背佛力无畏，即思违背去来现在诸佛世尊所得菩提。此异熟苦尽其三千大千世界所有有情，受那落迦极大苦受，百分不及一，千、百千、百千俱胝、数、计、算、喻、邬波尼杀昙分，亦不及一。若欲远离如此忧苦，即当远离彼苾刍行，千踰缮那。虽所发声尚当远离，何况观听，皆当远离。"《妙臂问经》

云："如一切谷依大地，无诸过失善生长，如是依戒悲水润，殊胜白法善生长。佛说调伏别解脱，清净尸罗尽无余，在家咒师除相轨，所余诸戒皆当修。"此说惟除出家相状，羯摩轨则不共制外，毗奈耶中诸取舍处，在家咒师尚当修持，何况出家咒师及具菩萨戒律仪者。又迦湿弥罗善逝顶珠智祥友大论师，亦数破此最下邪执分别，如《不应违越尸罗律仪三昧耶论》云："先依出家身，住咒到彼岸，后由愚痴故，住毗奈耶论，声闻等律仪，别解脱问年，于彼说学处，多分不能护，便执与菩萨，律仪为相违，现弃彼而住。"又云："舍出家律仪，不应受咒律，及施等律仪。"又云："诸菩萨苾刍，殊胜具慧者，一切善方便，虽梦莫思违。"又诸经中说有众多转轮圣王在家菩萨，于菩萨行已久修行，尚求舍家出家近圆。故总别解脱，尤于出家律仪，住大乘者善当爱护。

【科】戊二　摄善法戒分三

　　　己初　略标

论曰："摄善法戒者，谓诸菩萨受律仪戒后，所有一切为大菩提。由身语意积集诸善，总说名为摄善法戒。"

【释】菩萨正受尸罗之后，为大菩提，由其身语积集诸善，如是一切总说名为摄善法戒。有多论说"受律仪戒后"。此中分三：（一）时者，云"后"。经中说云："随所积集一切诸善，由住净戒。"为欲显示，惟由住戒善法乃生安住增长，义为正受菩萨律仪所积诸善，故先当坚固律仪净戒。（二）所缘者，云"为大菩提"。此依成就自内佛法，故摄善法，为自成熟。饶益有情，为成熟他，是其差别。（三）相或自性者，云"由其身语积集诸善"。不言意者，余释虽云："摄善法戒时，戒惟属身语。"然广释中数说意善，德光论师释中，亦说意善，故当说为正说身语意可例知，故未宣说。《律仪二十颂释难论》与《道炬论释》，以原论文为有"意"字解（奘师译本亦有"意"字）。如是遂有三业之中，由一一业及二二业，具通三业摄善法戒。

【科】己二　广释分八

　　庚初　发生三慧

论曰："此复云何？谓诸菩萨依戒住戒，于闻、于思、于修止观、于乐独处，精勤修学。"

【释】若诸菩萨依止安住律仪净戒，次当无散听闻正法，寻求闻慧，从闻积集观察思维，次修止观转入修慧。此又观待身离愦闹，心离诸恶不善寻思，故乐独处。《律仪二十颂释难论》为"专一爱乐"。其奢摩他是为定学，其闻思慧及毗钵舍那是为慧学，谓从尸罗引生二学。

【科】庚二　于殊胜田积集资粮

论曰："如是时时于诸尊长，精勤修习合掌起迎问讯礼拜恭敬之业，即于尊长勤修敬事，于疾病者，悲愍殷重瞻侍供给。"

【释】见诸尊长，当离骄慢，含笑敬问或讯平安。身行礼拜、起立、让座，表示恭敬，疾起奉迎。又见来前及眼见处，或修礼拜，或修合掌，或作使役恭敬承事。又于病者悲愍瞻侍。此

有三田，谓诸恩造、尊长、痛苦。初为父母，次为二师，后为病人。以是在家出家，二分菩萨生福之处，故名为田。

【科】庚三　随喜功德及有德者

论曰："于诸妙说，施以善哉！于有功德补特伽罗，真诚赞美。于十方界，一切有情，一切福业，以胜意乐起净信心发言随喜。"

【释】当于无谬宣说佛语，及于称赞三宝德者，施以善哉。真诚赞美具闻等德补特伽罗，于诸有情所有善业，以胜意乐发言随喜。又善知他真实福田，发随喜心，远离嫉妒，虽自未作所获福德，与作无差。又令随逐善业转故，于自所作亦当庆喜。

【科】庚四　习近堪忍

论曰："于他所作一切违犯，思择安忍。"

【释】于他所作一切怨害，当审思择为自宿业，起大悲心，不当报瞋，不当报怨。

【科】庚五　回向发愿

论曰："以身语意已作未作一切善根，回向无上正等菩提，时时发起种种正愿。"

【释】为令已作不失坏故，及为引生异类福故，已作未作三业众善，回向大菩提。又为引发无量功德，于时时中发《十地经》说十种大愿或普贤愿。

【科】庚六　供养三宝

论曰："以一切种上妙供具，供佛法僧。"

【释】于三宝所，以一切种财物正行二种供养，非以下劣当兴上妙广大供养。

【科】庚七　修不放逸

论曰："于诸善品，恒常勇猛精进修习，于身语意，任不放逸。"

【释】恒常无间勇猛，勤修六度善品。

【科】庚八　修资粮道所依之善

论曰："于诸学处，正念正知，正行防守，密护根门，于食知量。初夜、后夜，常修觉悟。亲近善士，依止善友。于自愆犯，审谛了知，深见过失。既审了知，深见过已，其未犯者，专意护持；其已犯者，于佛菩萨同法者所，至心发露如法悔除。"

【释】于诸学处，意当具足正念正知，身语正行而遍防守。又不护根，随逐可意不可意境便生贪瞋，于彼护心，名护根门。又若太饱及以太饥，即便不能勤发精进。不堕二边，为住身故，中量而食名食知量。又于一夜分为三分，中夜眠息，初后二分及于永日，若勤读诵，若修观行，名初后夜勤修觉悟。又当亲近遮不善处安立善处胜善丈夫，及授经等诸善知识，又当于自自作知识，于自愆犯审谛观察，深见愆犯现后过失，对治遣除。诸误犯者，若有善根，遇佛菩萨即当对彼；若无善根，当对像前请白诸佛菩萨证知，发露悔除，于同法友亦如是行。

【科】己三　摄义

论曰："如是等类，所有引摄护持增长诸善法戒，是名菩萨

摄善法戒。"

【释】所有尸罗而能引摄、护持、增长如是等类一切善法，是名菩萨摄善法戒（此文与奘师译全同，惟以尸罗，是能引等，如是等类加在所引。）。其引摄者，谓诸新生，如生三慧。护持者，谓已生者令不失坏，如修堪忍，若不灭瞋，由此能坏所积善故。增长者，谓已护持，更令增长广大强盛，犹如回向及发弘愿。

【科】戊三　饶益有情戒

论曰："云何菩萨饶益有情戒？当知此戒略有十一相。何等十一？谓诸菩萨，于诸有情能引义利彼彼事业与作助伴，于诸有情随所生起疾病等苦，瞻侍病等，亦作助伴。又诸菩萨，依世出世种种义利，能为有情说诸法要，先方便说先如理说，后令获得彼彼义利。又诸菩萨，于先有恩诸有情所，善守知恩，随其所应现前酬报。又诸菩萨，于堕种种师子虎狼鬼魅王贼水火等畏诸有情类，皆能救护，令离如是诸怖畏处。又诸菩萨，于诸丧失财宝亲属诸有情类，善为开解令离愁忧。又诸菩萨，于有匮乏资生众具诸有情类，施与一切资生众具。又诸菩萨，随顺道理，正与依止，如法御众。又诸菩萨，随顺世间事务言说，呼召去来，谈论庆慰，随时往赴，从他受取饮食等事。以要言之，远离一切能引无义违意现行，于所余事心皆随转。又诸菩萨，若隐若露，显示所有真实功德，令诸有情欢喜进学。又诸菩萨，于有过者，内怀亲昵利益安乐增上意乐，调伏诃责治罚驱摈，为欲令其出不善处安置善处。又诸菩萨，以神通力，方便示现那落迦等诸趣等相，令诸有情厌离不善，方便引令入佛圣教，欢喜信乐，生希有心，勤修正行。"

【释】云何菩萨饶益有情戒？当知此戒略有十一相，谓于须助伴者，愚方便者，有恩造者，遭怖畏者，被忧恼者，乏资具者，求依止者，乐随心者，正善行者，邪恶行者，应以神通所调伏者，如其所应为作义利。

【科】丁三　圆满之因分三

戊初　律仪戒圆满因分十

论曰："云何菩萨住律仪戒、住摄善法戒、住饶益有情戒、善护律仪戒、善修摄善法戒、善行一切种饶益有情戒。"（此文通征三戒）

【释】云何菩萨住律仪戒，如何乃成善护其戒，此中有十。

【科】己初　不顾过去诸欲

论曰："谓诸菩萨住别解脱律仪戒时，舍转轮王而出家已，不顾王位如弃草秽。如有贫庶为活命故，弃下劣欲而出家已，不顾劣欲，不如菩萨清净意乐，舍轮王位而出家已，不顾一切人中最胜转轮王位。"

【释】谓诸菩萨虽得人中最胜妙欲转轮王位，弃舍出家，既出家已，不顾彼欲如弃草秽。是所欲故说名为欲，谓外物欲即资财等。由此欲故说名为欲，谓烦恼欲即贪爱心。此中初欲，如以粪扫想所弃腐草，不复重顾。如是见此亦无可爱坚实，先已弃

者，更不重顾。又如以不净想所弃粪秽不复重顾，如是见烦恼欲，如同粪秽更不重顾。若先弃舍在家资财，既出家已，后仍顾彼，所有律仪不能清净，故当住二种想，如前二喻，更修无贪。

【科】己二　不乐未来诸欲

论曰："又诸菩萨住律仪戒，于未来世天魔王宫所有妙欲不生喜乐，亦不愿求彼诸妙欲修行梵行，于彼妙欲尚如实观，犹如趣入广大种种恐畏稠林，况余诸欲。

【释】若于未来，尚不希愿魔天所摄他化自在所有欲尘，为求彼欲而修梵行，何况除彼为余诸欲。不乐彼相，谓如实观，犹如趣入虎豹等兽充满稠林。不顾过去，说人中欲不说天者，以律仪戒重在出家，天中无有出家事故。不乐未来，而说天欲不说人者，以是显示不乐后世欲尘之时，诸欲尘中，除魔天欲无过上故。总之，善护清净出家律仪，要能不为未来诸欲而修梵行，仅能不顾先舍诸欲，尤非满足。

【科】己三　不著现在诸欲

论曰："又诸菩萨既出家已，于现在世尊贵有情种种上妙利养恭敬，正慧审观尚如变吐曾不味著，何况于余卑贱有情，所有下劣利养恭敬。"

【释】若于国王长者，尊贵有情，上妙欲事利养恭敬，尚不味著，何况于余卑贱有情，利养恭敬。此如不著食后变吐，正慧观察见亦同彼。此中要义，谓若希后欲而修梵行，惟成善愿，不成别解脱律仪。然其弃舍先得欲尘，及不著现在，非是在家律仪戒中必不容少。于出家众必不可少，若不能修生死过患，特修欲尘所有过患，如前所说而遮其心，则定不能善护尸罗，应当于此引决定解。

【科】己四　乐住远离

论曰："又诸菩萨常乐远离，若独静处，若在众中，于一切时，心专远离寂静而住，不惟于是尸罗律仪而生喜足，依戒住戒勤修无量菩萨等持，为欲引发证得自在。"

【释】身常远离，乐独静处。若在众中，远离欲等寻思而住，不惟以戒便生喜足，当依净戒，勤修菩萨无量等持，为新引发及已引发为得自在。此文显示惟净尸罗便生喜足，若不进求上胜功德，所有尸罗犹非圆满。

【科】己五　言论寻思，悉皆清净

论曰："又诸菩萨虽处杂众，而不乐为，乃至少分不正言论。居远离处，不起少分诸恶寻思。或时失念暂尔现行，寻便发起猛利悔愧，深见其过，数数悔愧深见过故。虽复暂起不正言论诸恶寻思，而能速疾安住正念，于彼获得无复作心。由此因缘，则能拘检，习拘检故，渐能如昔于彼现行深生喜乐。于今安住彼不现行喜乐亦尔，又能违逆令不现起。"

【释】处杂众时，不发诸恶杂染言论。居远离时，善为防护，不起少分诸恶寻思，谓贪欲等。设由忘念暂尔现行，寻便发起猛利恶作深见过患。若能如是数数修习，依此因缘，诸恶语意现行无间能生正念，获不作心，便能弃舍。习舍弃故，渐能如昔

于彼二事深生喜乐，如是其后于彼现行能不喜乐，改换二心。先当勤修令不现行，设暂现行不当忍受，深见过患猛利恶作，前后二心换其处所。此即遮止诸非所作，清净尸罗无上教授。

【科】己六　不自轻蔑

论曰："又诸菩萨于诸菩萨一切学处，及闻已入大地菩萨，广大无量不可思议长时最极难行学处，心无惊惧，亦不怯劣，惟作是念：彼既是人，渐次修学，于诸菩萨一切学处，广大无量不可思议净身语等诸律仪戒成就圆满。我亦是人，渐次修学，决定无疑，当得如彼净身语等诸律仪戒成就圆满。"

【释】若闻已入大地菩萨三聚净戒宽弘广大，学处无量超诸计数，非分别境不可思议，历经多劫超诸数量，或非短促须长时修，布施身等最极难行，于此学处皆当灭除惊惧怯劣，及自轻蔑念我弗能。如何灭除者，当作是念而发勇悍，谓彼是人，渐次修学，乃能成就此诸学处，非从最初即便能尔。我若渐次精勤修学而不废舍，决定无疑亦当得此。若闻如是无量学处，云"谁能学此"即便弃舍，又作是念，此是诸余菩萨之事，非是我事而便弃舍，是为增长种性堪能最大障碍。当如前说破除怯劣，现能行者，猛利勤行。暂未能者，念我何时能修学此，多修勇悍。又于此因勤积资粮，净治罪障，广发大愿。

【科】己七　柔和

论曰："又诸菩萨住律仪戒，常察己过，不伺他非。普于一切凶暴犯戒诸有情所，无损害心，无瞋恚心。菩萨于彼，由怀上品法大悲故，现前发起深怜愍心欲饶益心。"

【释】常察己过，不伺他非，不生他苦。若尔他过，如是置耶？不尔，云何？谓当缘彼是烦恼法而生大悲。悲如何生？谓此非是补特伽罗所有过失，由烦恼力令无自在，普于一切暴恶犯戒，无损害心，无瞋恚心，上品哀愍欲作饶益。谓作知识必当令其发菩提心，不随烦恼自在而转，永离烦恼，证得无上正等菩提。

【科】己八　堪忍

论曰："又诸菩萨住律仪戒，虽复遭他手足块石刀杖等触之所加害，于彼尚无少恚恨心，况当于彼欲出恶言，欲行加害，况复发言毁辱诃责，以少苦触作不饶益。"

【释】虽复遭他手足块石杖等加害，尚无恚心，何况更出弹螫恶言或行捶打。此文如次，谓意语身三业清净。传为云海释云："如是大苦亦能堪忍，况全无益于他毁骂，瞋令止住，定不更以如是损恼令心忧苦，而能安忍。"本论则云："况复毁辱、瞋恚、诃责，以微少苦作不饶益。"此说他打，尚不少起瞋恚报复，况以此等，故是显示他作微少不饶益事，心不恚恼，当正安住四沙门法。

【科】己九　不放逸

论曰："又诸菩萨住律仪戒，具足成就五支所摄不放逸行：一、前际俱行不放逸行；二、后际俱行不放逸行；三、中际俱行不放逸行；四、先时所作不放逸行；五、俱时随行不放逸行。谓

诸菩萨于菩萨学正修学时，若于过去已所违犯，如法悔除，是名菩萨前际俱行不放逸行。若于未来当所违犯，如法悔除，是名菩萨后际俱行不放逸行。若于现在正所违犯，如法悔除，是名菩萨中际俱行不放逸行。若诸菩萨，先于后时当所违犯，发起猛利自誓欲乐，谓我定当如如所应行，如如所应住，如是如是行，如是如是住，令无所犯，是名菩萨先时所作不放逸行。若诸菩萨，即以如是先时所作不放逸行，为所依止，如如所应行，如如所应住，如是如是行，如是如是住，不起毁犯，是名菩萨俱时随行不放逸行。"

【释】此有五种，谓前际、后际、中际俱行，先时所作，俱时随转不放逸行。此五如次，于过去时诸已违犯，如法悔除。于未来时殷重思惟亦如是行。于现在时当无忘念亦如是行。力励自誓，谓我如如若行、若住能无违犯，即当如是如是行住。由依此故如是如是若行若住，此中重在别解脱中所说学处不放逸行。又此五中，第四为本，若有第四能生第五，设未生五，误起违犯，如其次第如法还净。

【科】巳十　轨则正命清净分二

庚一　轨则清净或行清净

论曰："又诸菩萨住律仪戒，覆藏自善，发露己恶。少欲喜足，堪忍众苦，性无忧慼，不掉不躁，威仪寂静。"

【释】不为名闻宣扬自善，不行覆藏发露己恶。获得劣少无忧少欲，于得妙多不求知足，堪忍寒热饥渴等苦，未得利养性无忧慼，诸根不掉调伏寂静，不随境转名不躁动，威仪端严，如理作意，威仪寂静。

【科】庚二　正命清净

论曰："离矫诈等一切能起邪命之法。"

【释】离矫诈等五种邪命。

论曰："菩萨成就如是十支，名住律仪戒，善护律仪戒，谓不顾恋过去诸欲，又不希求未来诸欲，又不耽著现在诸欲，又乐远离不生喜足，又能扫涤不正言论诸恶寻思，又能于己不自轻蔑，又性柔和，又能堪忍，又不放逸，又能具足轨则净命。"（此结文藏文未列科）

【释】德光论师说，由六因缘，虽已防护而非善护：一、惟以少许便生喜足。二、语及发起未能清净。三、自行轻蔑。四、不摄眷属。五、不悔违犯。六、未能清净轨则正命。初中有二：一、虽护身语，于三世欲未护其心。二、虽已护心，不求依戒引发等持。不摄眷属者，谓不摄堪忍尸罗眷属。

【科】戊二　摄善法戒圆满之因

论曰："又诸菩萨已能安住摄善法戒，若于身财少生顾恋，尚不忍受，何况其多。又于一切犯戒因缘，根本烦恼，少分烦恼忿恨等生，亦不忍受。又于他所，发生恚害怨恨等心，亦不忍受。又于所起懈怠懒惰，亦不忍受。又于所起等至味著，等至烦恼，亦不忍受。又于五处如实了知，谓如实知善果胜利，又能如实了知善因，又能如实知善因果倒与无倒，又如实知摄善法障。

是诸菩萨，能于善果见大胜利，寻求善因，为摄善故如实了知倒与无倒。由此菩萨获得善果，不于无常妄见为常，不于其苦妄见为乐，不于不净妄见为净，不于无我妄见为我。如实了知摄善法障，为摄善故速疾远离，菩萨由此十种相故，名住摄善法戒。速能摄善一切种相，谓施渐次，若戒渐次，若忍渐次，若精进渐次，若静虑渐次，及五种慧。"

【释】有二五种，前五度渐次者，如其次第。五度逆品，若于身财少生悭贪尚不忍受，又于一切犯戒因缘，惑及随惑忿恨等生，亦不忍受。又于恚害怨恨等生，亦不忍受。又生懈怠不修善行，及于睡眠，卧乐倚乐，不敬懒惰，亦不忍受。又于所起静虑味著，彼地烦恼，或心沈没及掉举等皆不忍受。总此逆品初生之时，定当依止对治灭除，决不随彼增上而转。慧渐次者，谓如实知善果胜利，又知善因，又于善果知倒无倒，又如实知摄善法障，断五无知及诸障碍。其胜利者，谓人天果及三菩提。因者即十善等，增上生因决定胜因，谓依善友，听闻正法，及思修等。若于所得善果，见为常乐我净，是为颠倒。与此相违是名无倒。菩萨当于所得善果无颠倒见，由是因缘了知六度善果胜利，及彼善因。又能了知前说障碍六度逆品，断除逆品摄集六度所有善根，即能速疾摄一切善，以世出世一切善法，于六度中无不摄故。又若断除六度逆品，能速摄故，此中渐次，义为速生施等之因。

【科】戊三　饶益有情戒圆满之因分十一

论曰:"又诸菩萨由十一相,名住一切种饶益有情戒,于一一相中成就一切种。"

【释】由十一相名住一切种饶益有情戒,于一一相中成就一切种。此如于一应作助伴,或为助伴一切有情须助伴者,或作一切助伴之相。又如报恩时说,于十一类一一有情,如其所应皆为成办十一种事。

【科】己初　饶益求助伴者分二

　　庚初　助伴事业

　　庚二　助伴有苦

　　初者

论曰:"谓诸菩萨,于诸有情彼彼事业,皆为助伴。谓于思量所作事业,及于功用所作事业,悉能与彼而作助伴。或于道路若往若来,或于无倒事业加行,或于守护所有财物,或于和合辗转乖离,或于义会,或于修福,皆为助伴。"

【释】此中分八:一、思量事业者,谓于何事若作不作,能致盛衰,而正思量。二、决择事业者,谓从现在定作彼事。助伴此二之法,谓代思量,及自荷负助伴之担。三、于道路若往若来,诸无侣伴无随从者,谓当助伴而为导路。四、于事边际助加行者,谓正开示善务农等无罪方便。五、护财物者,谓于已集所有财物开示方便,不为盗等之所劫取。六、合乖离者,谓解怨恨。七、于义会者,谓有定期所修福业。八、于修福者,谓无定期所兴福业,皆为助伴。德光论师云:"由其初二,未得资财能

令获得。事业边际及守护者，增长守护。最后二者，既增长已令供福田。"

【科】庚二　助伴有苦

论曰："于诸救苦亦为助伴，谓于遭遇疾疫有情瞻侍供给，盲者启导，聋者扷义，手代言者晓以想像，迷方路者示以隅途，支不具者惠以荷乘，其愚呆者诲以胜慧。为贪欲缠所苦有情，开解令离贪欲缠苦。如是若为瞋恚昏沈睡眠掉举恶作疑缠所苦有情，开解令离疑缠等苦。欲寻思缠所苦有情，开解令离欲寻思苦。如欲寻思，恚害亲里，国土不死，轻侮相应，族姓相应，所有寻思，当知亦尔。他蔑他胜所苦有情，开解令离被蔑胜苦。行路疲乏所苦有情，施座施处调身按摩，令其止息劳倦众苦。"

【释】此中分二：初身苦有四：一、于有病者，谓施药瞻侍。二、于根坏者，谓启导盲者所欲往道，又于聋者，以手扷示应取应舍（手代言者晓以想像，藏文与聋为一段。迷方路者示以隅途，藏文中无。）。三、于缺支者，谓以身荷或以骑乘送往欲处。四、行路疲乏者，施食施处，调身按摩（其愚呆者，诲以胜慧，藏文中无。）。

二心苦分三：一、盖障苦者，谓贪欲等五盖所缠，开示教授令其除遣。二、无间缺苦者、谓八寻思所缠苦者，以对治法开示令离。八寻思者，谓欲、恚、害、亲里、国土、不死寻思、他侮寻思、族姓寻思，谓于财位种姓圆满，贪欲增上，云我族姓高贵。三、他蔑胜苦者，谓当开示战斗胜败世间常事，及无我等出世间法，而为除遣。

【科】己二　饶益愚于正理者

论曰："又诸菩萨为诸有情如理宣说，谓于乐行恶行有情，为欲令断诸恶行故，以相应文句，助伴随顺，清亮有用相称应顺常委分资粮法而为宣说，或复方便善巧宣说。如于乐行恶行有情，为欲令断诸恶行故，如是于行悭行有情，为欲令彼断悭行故；于现法中求财宝者，为欲令彼正少功力，集多财宝，守护无失；于佛圣教怀憎嫉者，为欲令彼得清净信，证清净见，超诸恶趣，尽一切结，越一切苦应知亦尔。"

【释】于恶行果成熟苦者，为说正法令其受戒止息恶行。说法之相者，谓以相应文句等八。德光论师说于三问，具足四德酬答而说。一、不知故问者，相应文句及以助伴，谓无倒义及连续义而为酬答。二、相违问者，随顺、清亮，谓顺法性，前后意趣无违而答。三、俱问者，有用相称，谓有方便令其了悟，称所化机而令知解。又具应顺常委资粮，谓顺引发世间功德，及以圣道资粮而答。言常委者，即是恒常力励委悉，以从诸漏恒常殷重守护心故。胜子亦同。又后二德，德光师说，依证增上答问教授。最胜子说依得增上。如此二师虽云三问，显是四问。德光师说，又相应者，以助伴训释，前后顺故。又随顺者，以清亮训释，顺法性故。又有用者，以相称训释，称所化故。又应顺者，以常委训释，顺梵行故。譬如甚深、和雅、可意、了解、应闻，五支佛语，如次即以雷声、悦耳、欢喜、显了、无不随顺而为训释。每

二语中以后释前,由此显示于一切问具足四种功德而答。谓前后无违,不违法性,不违所化与殊胜义而相系属。此论又云:"或复方便善巧宣说。"谓如前犯戒诸恶行者,为令止息诸恶行故,以八文句而为说法。令悭等者修施等故亦如是说。或由方便令无厌憎而为说法名善方便。又于现法为说方便正少功力,集多财宝,守护无失。又于圣教怀憎恚者,令发正信趣入圣教。已趣入者,为令断除见断烦恼,以清净见超恶趣故,说正胜法。得见道者,为说进断余结方便。

【科】己三 饶益有恩

论曰:"又诸菩萨于其有恩诸有情所,深知恩惠,常思酬报。暂见申敬赞言善来,怡颜欢慰吐诚谈谑,祥处设座正筵令坐。若等若增财利供养现前酬答,非以下劣。于彼事业虽不求请尚应伴助,况乎有命。如于事业,如是于苦,于如理说,于方便说,于济怖畏,于衰恼处开解愁忧,于惠资具,于与依止,于随心转,于显实德令深欢悦,于怀亲爱方便调伏,于现神通惊恐引摄,如应广说,当知亦尔。"

【释】见时申敬赞言善来,欢颜,庆慰,祥处设座,正筵令坐,次以利敬较其恩惠若等若增现前酬答,非以下劣。于彼事业,虽未请求尚为助伴,何况有命。如是乃至于现神通恐怖引摄诸余饶益,皆应为作。

【科】己四 救济怖畏

论曰:"又诸菩萨,于遭怖畏诸有情类,能为救护。谓于种种禽兽水火，王贼怨敌，家主宰官，不活恶名，大众威德，非人起尸，魍魉等畏，皆能救护，令得安隐。"（藏论无"火"字，有摩羯陀鱼）

【释】狮子虎等陆居旁生，或实水患，或诸水族摩羯鱼等水居旁生，为旁生二畏。又有势力治罚之王，若明若暗劫财盗贼，障碍财等或怨或敌，管理少分家主宰官，为人中四畏。又不具足三种可爱，谓无资财，乏少妙行，不具辩说，有不活畏，及恶名畏，众威德畏。非人有二、初由生差别生非人中，二明咒差别，以咒起尸。从此怖畏皆当救护。

【科】己五　开解忧恼

论曰："又诸菩萨，于处衰恼诸有情类，能善开解令离愁忧。或依亲属有所衰亡，所谓父母兄弟妻子，奴婢僮仆，宗长朋友，内外族姻，亲教轨范，及余尊重，时有丧亡，善为开解令离忧恼。或依财宝有所丧失，谓或王贼之所侵夺，或火所烧，或水所溺，或为矫诈之所诳诱，或由事业无方损失，或为恶亲非理横取，或家生火之所耗费，于如是等财宝丧失，善为开解令离忧恼。由是因缘，诸有情类，生软中上三品愁忧，菩萨皆能正为开解。"（"或为矫诈之所诱惑"句，藏文为"或未善藏以致失坏"）

【科】此中分二

　　庚初　丧亲生忧

　　庚二　耗财生忧

　　　初中分五

【释】一、丧能生亲,谓丧父母。二、丧失摄受及果脉亲,谓死妻子(藏文无"兄弟"二字)。三、失使命亲,谓死奴婢及死僮仆。四、离诸有恩慈爱之亲;谓丧宗长、朋友、余族。五、失离开导利益之亲,谓丧亲教、轨范、尊长、同梵行者,所生忧愁。

【科】庚二　耗财分二

　　　辛初　一切世人共同苦因

　　　辛二　一类不共

　　　初者

谓王贼侵夺,火烧,水溺。

【科】辛二　不共分二

　　　壬初　由自未善

　　　壬二　因他令失

　　　初中分二

　　　癸一　未善守护所有财宝者

谓未善藏护以致失坏。

【科】癸二　于诸财宝未善招集者

谓由事业无方损失。

【科】壬二　因他令失分二

一、由他受用之所致苦,谓为恶亲非理横取。二、由自家室所起忧苦,谓家生火之所耗费。有论释为纯生败坏种姓之嗣,不知受用散失财宝。若由如是亲财等事,引生上中下品愁忧,晓示无常而令开解。丧父母等所生为上，死奴婢等所起为中，耗损财宝所生为下。或以所须及所珍爱，应当了知。

【科】己六　饶益匮乏资具者

论曰："又诸菩萨备资生具，随有来求即皆施与。谓诸有情求食与食，求饮与饮，求乘与乘，求衣与衣，求庄严具施庄严具，求诸什物施以什物，求鬘涂香施鬘涂香，求止憩处施止憩处，求诸光明施以光明。"

【释】此中分六：一、于生活匮乏苦者，谓求饮食惠施饮食。二、于劳倦苦者，谓求乘骑，即施乘骑。三、于羞惭苦者，谓求衣服庄严具等即施彼等，以无衣服及庄严具生羞惭故。四、于无资具苦者，谓求什物即施什物。五、于恶臭者，谓求烧香花鬘涂香，即施彼等。六、于乏憩处光明苦者，谓求憩处，及发精进求灯明者，即施彼等。

【科】己七　饶益求依止者

论曰："又诸菩萨，性好摄受诸有情类，如法御众方便饶益，以无染心先与依止，以怜愍心现作饶益，然后给施如法衣服饮食卧具，病缘医药资身什物。若自无有，应从净信长者、居士、婆罗门等，求索与之。于己以法所获如法衣服、饮食、诸坐卧具、病缘医药资身什物，与众同用，自无隐费。于时时间，以其随顺八种教授而正教授，五种教诫而正教诫。此中所说教授教诫，当知如前力种性品已广分别。"

【释】此中分二：初、以何意乐摄受大众者，非为名闻利养

恭敬，悲心为先以无染心先与依止。二、以何加行摄受分二：初以财摄受。二以法摄受。初中分二。一、从他求者，为利所摄受诸徒众故，从诸净信长者居士，求索衣服饮食卧具病缘医药。二、于己资具共同用者，谓自如法所获衣等与彼同用。

二、以法摄受分二：一、施与教授有八：心未住者为令心住所缘境故，有五教授，谓于上品贪瞋痴慢及寻思者，如其次第不净、慈悲、缘起、界别及以随念阿那波那。心已住者，为令获得自义利故，为说能治常断二见，远离二边处中之行，为一教授。为令舍除于道未作而谓已作，于果未得而谓已得，诸增上慢，为二教授。此为安住，正方便道，舍弃留难，三中所摄。

二施与教诫有五：一、遮止有罪现行。二、开许无罪现行。三、若有行所遮止，谏诲止息。四、虽已如是谏诲，若仍不舍，如法治罚。五、若有正行开遮，赞令欢喜。

（译者注：关于辩净，稍有减略）

菩萨戒品释 卷二

【科】己八　饶益求随心转分二

　　庚初　略标

论曰："又诸菩萨，于有情心性好随转。随心转时，先知有情若体若性。知体性已，随诸有情所应共住，即应如是与其共住。随诸有情所应同行，即应如是与彼同行。"（"若体若性"，藏文为"意乐、自性、界"）

【释】菩萨随顺利有情时，先当了知有情意乐，及性并界，随诸有情所应共住，即如是住。随诸有情所应同行，即如是行。意乐谓思，观具善恶及瞋慈等，何等意乐。性谓胜解，观于何乘而有胜解，顺其胜解。界谓随眠，顺其随眠。

【科】庚二　广释分七

　　辛一

论曰："若诸菩萨，欲随所化有情心转，当审观察，若于如是如是相事现行身语生他忧苦，如是忧苦，若不令其出不善处，安立善处，菩萨尔时于如是事现行身语，护彼心故，方便思择励力遮止令不现行；如是忧苦，若能令其出不善处，安立善处，菩萨尔时于如是事现行身语，住哀愍心，不随如是有情心转，方便思择励力策发要令现行。复审观察，若于如是他有情事，现行身语，令余有情发生忧苦，如是忧苦，若不令他或余有情，或不令二出不善处，安立善处，菩萨尔时于如是事现行身语，护余心故，方便思择励力遮止令不现行；如是忧苦，若能令他或余有情，或能令二出不善处，安立善处，菩萨尔时于如是事现行身

语,住哀愍心,不随如是有情心转,方便思择励力策发要令现行。复审观察,若于如是菩萨自事,现行身语,生他忧苦,如是现行身语二业,非诸菩萨学处所摄,不顺福德智慧资粮,如是忧苦,不能令他出不善处,安立善处,菩萨尔时于如是事现行身语,护他心故,方便思择励力遮止令不现行;与此相违,现行身语如前应知。如生忧苦,如是广说生于喜乐,随其所应当知亦尔。"

【释】若随有情心转之时,身语现行,能令有情现生忧苦,当审观察,由此忧苦,不令有情出不善处安立善处,菩萨励力遮止,令不现行随他心转;由此忧苦若能令他安立善处,则当于他怀哀愍心,要令现行,不应随顺他心而转。究竟于彼有利益故。如是若由如是现行,于所随转他有情所虽不生苦,然于余者生苦之时,为舍不舍,如是现行,如前应知。若为自利现行身语,非为随他生他忧苦,若此非是学处所摄,又不成就二种资粮,亦不令他出不善处安立善处,为护他心应当舍弃;若违此三,住哀愍心,应当现行,不随他心。如是若有身语现行,令他发生现前喜乐,究竟利益,即应现行。究竟衰损,则不随他转,如前应知。

【科】辛二

论曰:"又随他心而转菩萨,知他有情忿缠所缠,现前忿缠难可舍离,尚不赞叹,何况毁訾。即于尔时,亦不谏诲。"

【释】又若菩萨随有情转,见他现为忿缠所缠,乃至其忿未息以来,尚不称赞,何况毁訾,亦不谏诲。

【科】辛三

论曰:"又随他心而转菩萨,他虽不来谈论庆慰,尚应自往谈论庆慰,何况彼来而不酬报。"

【释】若诸粗鄙,不闲世情,他虽不来谈论庆慰,尚往谈论而相庆慰,况彼来此谈论庆慰。

【科】辛四

论曰:"又随他心而转菩萨,终不故意恼触于他,惟除诃责诸犯过者,起慈悲心,诸根寂静,如应诃责,令其调伏。"

【释】诃责他时,无恚恼心,惟应于他住哀愍心,诸根寂静,而正诃责。

【科】辛五

论曰:"又随他心而转菩萨,终不嗤诮轻弄于他,令其赧愧不安隐住,亦不令其心生忧悔。虽能摧伏得胜于彼,而不彰其堕在负处。彼虽净信生于谦下,终不现相而起自高。"

【释】于大众中,终不轻诮,令其赧愧,怯惧不安,是轻毁因故。亦不令悔,不乐住故。虽已摧伏得胜于彼,而不彰其堕在负处,令羞耻故。于谦下前,不显自高,令恐怖故。

【科】辛六

论曰:"又随他心而转菩萨,于诸有情,非不亲近,不极亲近,亦不非时而相亲近。"

【释】于他人所,非不亲近,无识友故。不极亲近,恒常共住障其事业,令不喜故。亦不非时而相亲近,以时亲近。如是三

者，为令远离断绝系属。

【科】辛七

论曰："又随他心而转菩萨，终不现前毁他所爱，亦不现前赞他非爱。非情交者不吐实诚，不屡希望，知量而受。若先许应他饮食等，终无假托不赴先祈，为性谦冲如法晓喻。"

【释】不于他前，毁其所爱，赞其非爱，他不喜故。非情交者，不吐实诚，他异思故。不于他所，屡往乞求，纵来惠施，当知量受，令他厌患，不信讥诮，恼不更施，后纵施与而轻毁故。请饮食等亦不弃舍，以不障碍他意乐故。或以如法而相辞谢，谓以读诵，或修静虑，或受近圆，令无不喜。于此每段之首，皆有"菩萨随他心转"。

【科】己九　饶益正行

论曰："又诸菩萨性好赞扬真实功德，令他欢喜。

于信功德具足者前，赞扬信德令其欢喜。于戒功德具足者前，赞扬戒德令其欢喜。于闻功德具足者前，赞扬闻德令其欢喜。于舍功德具足者前，赞扬舍德令其欢喜。于慧功德具足者前，赞扬慧德令其欢喜。"

【释】于诸具足信戒闻舍慧德者前，以彼彼言赞扬令喜。戒及惠舍能感圆满身及财位，是增上生因。慧是决定胜因，闻能生慧，信于二者，为能入因。

【科】己十　饶益邪行

论曰："又诸菩萨性好悲愍，以调伏法调伏有情。若诸有情，有下品过下品违犯，内怀亲爱，无损恼心，以软诃责而诃责之。若诸有情，有中品过中品违犯，内怀亲爱，无损恼心，以中诃责而诃责之。若诸有情，有上品过上品违犯，内怀亲爱，无损恼心，以上诃责而诃责之。如诃责法，治罚亦尔。若诸有情，有下中品应可驱摈过失违犯，菩萨尔时为教诫彼及余有情，以怜愍心及利益心，权时驱摈后还摄受。若诸有情，有其上品应可驱摈过失违犯，菩萨尔时尽寿驱摈，不与共住，不同受用，怜愍彼故，不还摄受，勿令其人于佛圣教多摄非福，又为教诫利余有情。"

【释】于下中上三品过失违犯有情，无损恼心，无瞋恚心，以软中上三品诃责，治罚亦尔。又于软中过失违犯，为哀愍彼及余有情，权时驱摈一月两月，或一二年，后还摄受。于上品过，悲愍彼故，勿令摄集众多非福，亦为利益余有情故，尽寿驱摈不与共住，不共受用，不还摄受。言非福者，谓不如理受用信施，及受同梵行者礼拜等事。过失谓不行应理，违犯谓行不应理，是德光论师所释。

【科】己十一　饶益应现神通调伏之有情分二

　　庚初　以神通恐怖

论曰："又诸菩萨，为欲饶益诸有情故，现神通力，或为恐怖，或为引摄。谓为乐行诸恶行者，方便示现种种恶行诸果异熟，谓诸恶趣，小那落迦，大那落迦，寒那落迦，热那落迦，既示现已，而告之言：汝当观此，先于人中造作增长诸恶行故，今

受如是最极暴恶辛楚非爱苦果异熟。彼见是已，恐怖厌患，离诸恶行。复有一类无信有情，菩萨众中随事故问，彼作异思拒而不答。菩萨尔时，或便化作执金刚神，或复化作壮色大身巨力药叉，令其恐怖。由是因缘，舍慢生信，恭敬正答。其余大众，闻彼正答，亦皆调伏。"

【释】现诸寒热那落迦苦，而告之曰：汝当观此，先于人中作集恶行，感非爱果。令其厌怖，远离恶行。又有有情，处于菩萨大众会中，问责之时，拒而不答。菩萨当现执金刚神，或当化作壮色大身巨力药叉，令其恐怖，信仰恭敬，善答所问。其余大众闻彼答故，亦皆调伏。最胜子等，说此是处大众之中，故于菩萨起损恼心，拒而不答。为令正答所问事故，现通恐怖，逼令正答。

【科】庚二　以神通引摄

论曰："或现种种神通变化，或一为多，或多为一。或以其身，穿过石壁山岩等障往还无碍。如是广说，乃至梵世身自在转，现无量种神变差别。或复现入火界定等。或复示现共声闻等种种神通，方便引摄，令诸有情踊跃欢喜。诸未信者，方便安处信具足中。诸犯戒者，方便安处戒具足中。诸少闻者，方便安处闻具足中。多悭吝者，方便安处舍具足中。诸恶慧者，方便安处慧具足中。如是菩萨，成就一切种饶益有情戒。"

【释】或一为多，或多为一。以身穿过石壁山岩，及城垣等，往还无碍。乃至梵世身自在转，或上身出火，下身出水等，现多神变。或复现入火界定等，引令欢喜。诸未信者，犯戒、少闻、悭吝、恶慧，如次安立信、戒、闻、舍、慧圆满中。

又十一种饶益之数，诸余释论，虽有异说，然前所说者，是如《律仪二十颂释难论》。论中亦将助伴事业侍病助苦，摄三为一，极相符合。最胜子云："为增自福是摄善法，饶益有情意乐，亦成饶益有情净戒。"此说虽未现前利他，缘利他故，亦成饶益有情戒。然此论说，现实利他。又现未作利有情时，亦无失坏不具饶益有情戒之过。譬如散乱睡眠等位，现无防罪之心，然有律仪戒。《发心仪轨》云："初发业者，以律仪戒为上首故，名誓愿行。胜解行者，摄善法戒为上首故，名等至行。入大地者，饶益有情为上首故，名心喜行。"此虽说有轻重之别，然从初受律仪，即须学习饶益有情。惟未具足神通之时，所行利他难成主要，故此论师明了宣说所利有情之差别，及能义利有情之方便，最为重要。善了知已，随顺此等而行利他，如是菩萨，成就一切种饶益有情戒。

【科】丁四　摄义

论曰："是名菩萨三种戒藏，亦名无量大功德藏。谓律仪戒所摄戒藏，摄善法戒所摄戒藏，饶益有情戒所摄戒藏。"

【释】菩萨所有三种戒藏，谓律仪戒，摄善法戒，利有情戒。所摄戒藏，总能摄集无边净戒。故学此者，亦能成就无量福德。此上皆是《菩萨地》说。又《摄抉择菩萨地》说，毗奈耶略有三聚，谓律仪戒等三。初律仪戒，如佛所说《别解脱经》及其

卷二

广释，应当修学。摄善法戒，谓于六心观察修学。《摄抉择分》云："当知毗奈耶略有三聚，初律仪戒毗奈耶聚，如薄伽梵，为诸声闻所化有情，略说毗奈耶相，当知即此毗奈耶聚。云何摄善法戒毗奈耶聚？谓诸菩萨于摄善法戒勤修习时，略于六心应善观察。何等为六？一轻蔑心。二懈怠俱行心。三有覆蔽心。四勤劳倦心。五病随行心。六障随行心。若诸菩萨于善法中，所有轻心，无胜解心，及凌蔑心，名轻蔑心。若有懒惰、骄醉、放逸所缠绕心，名懈怠俱行心。若贪欲等随有一盖，或诸烦恼及随烦恼所缠绕心，名有覆蔽心。若住勇猛增上精进，身疲心倦，映蔽其心，名勤劳倦心。若有诸病损恼其心，无有力能不堪修行，名病随行心。若有喜乐谈论等障随逐其心，名障随行也。"如是六心现起之时，忍不忍受，有无罪犯，即彼论云："菩萨于此六种心中，应正观察，我于如是六种心中，为有随一现前行耶，为无有耶？前三心起，菩萨一向不应忍受。若有忍受而不弃舍，遍于一切皆名有罪。勤劳倦心现在前时，由此心故舍善方便，若为暂息身心疲恼，当于善法多修习者，当知无罪。若于一切毕竟舍离，谓我何用修此善法，令我现前安住此苦，当知有罪。病随行心现在前时，菩萨于此无有自在，不随所欲修善加行，虽复忍受，而无有罪。障随行心现在前时，若不随欲堕在其中，或正观见有大义利，虽复忍受，而无有罪。若随所欲故入其中，或正观见无有义利，或少义利而故忍受，当知有罪。如是六心，前三生已而忍受者，一向有罪。病随行心虽复忍受，一向无罪。所余二心，若生起已，而忍受者，或是有罪，或是无罪。"

行利有情当观六处，《摄抉择分》云："若诸菩萨，勤修饶益有情戒时，当正观察六处摄行。所谓自、他、财衰、财盛、法衰、法盛，是名六处。言财衰者，谓衣食等未得不得，得已断坏。与此相违当知财盛。言法衰者，谓越学处，于先未闻胜义所摄如来所说微妙法句，不得听闻。如不听闻先所未闻，如是于先所未思惟，不得思惟。有听闻障，有思惟障，设得闻思寻复忘失。于所未证修所成善而不能证，设证还退。与此相违当知法盛。"自他是法财盛衰所依。观察六处进止之法，及于此等有罪无罪，即彼论云："此中菩萨作自法衰，令他财盛，此不应为。如令财盛，法盛亦尔。此中义者，越学所摄，及能随顺越学所摄，若于证法退失所摄，当知法衰。作自财衰，令他财盛，若此财盛不引法衰，此则应为。若引法衰，此不应为。如令财盛，法盛亦尔。作自财盛，令他财盛，此则应为。如令财盛，法盛亦尔。作自法盛，令他财盛，此则应为。如令财盛，法盛亦尔。于如是事，若不修行，名为有罪。若正修行，是名无罪。如是且说菩萨所受三种律仪，略毗奈耶。菩萨于中常应作意思惟修学。"是故为他补特伽罗或法或财，若自违越所受学处，虽不违越随顺违越，若失已得新得正法，虽不利他，亦复无罪。如是利他，作自财衰，不引法衰，若不为者，是名有罪。若引法衰则不应为。如是能令自财法盛，而不为他作此二者，皆名有罪。又行利他有罪无罪，亦如《摄抉择分》云："若诸菩萨于已有恩诸有情所，

随顺思想,以有染心,摄朋党心,相续发起亲友意乐,当知有罪。若于有怨诸有情所,随顺怨想,以秽浊心,执怨敌心,相续发起怨仇意乐,当知有罪。若于无恩无怨诸有情所,相续发起中庸意乐,放舍意乐,当知有罪。若有现前求欲出家,随顺观察时有过患,劫有过患,不度出家,当知无罪。若有安住悲愍彼心,虽度出家亦无有罪。如说出家,受具足戒,与作依止,摄为徒众,当知亦尔。由此等相,菩萨所有三种戒蕴皆得圆满。"如是正受诸律仪已,虽于三戒皆须修学,然最要者,于律仪戒共同七众别解脱学处,尤当勤学。《摄抉择分》云:"此三种戒,由律仪戒之所摄持,令其和合。若能于此精进守护,亦能精进守护余二。若有于此不能守护,亦于余二不能守护。是故若有毁律仪戒,名毁一切菩萨律仪。"若尔,正受菩萨律仪,为可随意受三戒中一律仪耶,抑须具受三律仪耶?答:菩萨律仪,惟有一类,非有多种如别解脱。故受此时无所简别,遍学一切而正受取。《摄抉择分》云:"于此三种菩萨律仪,随有所缺,为当言护菩萨律仪耶?当言不护耶?当言不护。"若尔,云何《集学论》说,菩萨律仪受一学处?如云:"故当随自力能,虽一善根,亦当正受而善守护。《地藏经》云:'十善业道能得成佛。'若有尽寿,下至不护一善业道,然作是言:我是大乘,我求无上正等菩提。此数取趣最为矫诈,说大妄语,而于一切佛世尊前,欺诳世间说断灭语,愚痴而死颠倒堕落。故几时能受,即于尔时安住其善。此义当观《药师琉璃光王经》。"答:此非说受菩萨律仪,是说发愿心已，若不能受菩萨律仪，令熏习故，随力修学少分学处，其时乃至能护，短时修学，故彼律仪当随力受。若不受者，则为欺诳诸佛菩萨天人世间。为显此过，故引前经。其后又云："若大有情听闻是已，以慧通达诸菩萨行最为难行，为度众生尽出苦故，勇荷此担。"此说听闻受学处已，不护过患，知菩萨行最为难行，然能荷负菩萨学处重担全无怯惧，乃可受持菩萨律仪。故其前者，是闻过患知难行已，不能荷负学处重担，则令渐受一一妙行，次第修学，慧力增长，乃受律仪。彼引《药师经》证，亦可了知。

【科】丙二　释受戒法分二

丁初　总义

丁二　正义

今初

龙猛菩萨造《发心仪轨》，而未别造受律仪法。然《发心仪轨》云："当发最胜菩提心，我请一切诸有情，行最可意菩提行，为利众生愿成佛。如是三说，发菩提心。"又云："随我所有勤行惠施，守护净戒，修行忍辱，勤发精进，安住静虑，观察妙慧，方便善巧。如是一切，皆为利益安乐一切有情，依于无上正等菩提，随顺过去未来现在，成就大悲，正入大乘，安住大地，菩萨摩诃萨行。愿诸圣者，于我菩萨证是菩萨。"此说受学诸行，随菩萨行。《集学处论》，及《入行论》说，受行发心即受律仪。此论亦说，受学三世菩萨三聚净戒，即受菩萨律仪。觉

贤论师、无畏论师亦糅两宗，而造受律仪法。《道炬释论》说，尊者所造发心受戒法，是合龙猛、无著、寂天三派之义。故龙猛菩萨、无著菩萨两派仪轨，除少差别不同者外，得律仪法，义无差别。故言两派名中观唯识宗，所从受之境，能受之法根本等罪，皆有不同者，是极无观察也。无著菩萨虽说受戒，须发愿心，然除受戒仪轨之外，而未别造发心仪轨。慈氏五论及世亲论中，亦未见说。胜敌论师，造受愿行与受律仪二种次第。燃灯吉祥，亦各别造发心仪轨、律仪仪轨。黑行论师，于集经论释及《入行论释》中，亦别安立愿行仪轨。

行心与律仪仪轨，异不应理。诸先知识，以受愿心仪轨为先，待坚固后，次受律仪者，是坚固律仪，最善方便。

若尔，云何《修次中篇》中云："其世俗者，谓由大悲誓愿度拔一切有情为利众生，愿当成佛，先发欲求无上正等菩提行相之心，此如《戒品》所说仪轨，当从安住菩萨律仪聪睿前发"？答：此依受学三世菩萨一切学处，义有发心，故名发心仪轨。非说惟是愿心仪轨。

【科】丁二　正义分二

戊初　有师法

戊二　无师法

初又分三

己初　加行法

己二　正行法

己三　结行法

初又分五

　　庚初　请白

　　庚二　修集资粮

　　庚三　劝速授戒

　　庚四　修胜欢喜

　　庚五　诘问障难

初又分二

　　辛初　补特伽罗差别

　　辛二　受法差别

初又分二

　　壬初　身差别

论曰："若诸菩萨，欲于如是菩萨所学三种戒藏勤修学者，或是在家，或是出家，先于无上正等菩提发弘愿已。"

【释】受戒要须何身为依耶？谓诸菩萨，或是在家或是出家，于前所说菩萨学处三聚净戒，具善乐意诚欲修学，于大菩提已发弘愿，谓如教授已发愿心。若惟欲受菩萨律仪，于菩萨学不欲修学，或未发愿心，则不应授予菩萨律仪。

论曰："又诸菩萨，欲授菩萨菩萨戒时，先应为说菩萨法藏摩怛履迦菩萨学处，及犯处相，令其听受。以慧观察自所意乐，堪能思择受菩萨戒，非惟他劝，非为胜他。当知是名坚固菩萨，堪受菩萨净戒律仪。以受戒法，如应正授。"

【释】为令如是求受律仪菩萨心坚固故，当于未授律仪之前，先为宣说菩萨法藏摩怛履迦菩萨地中菩萨学处及犯处相。如是说已，令自观察能不能学，以慧观察堪受律仪，非自不乐惟由他劝，非为胜他。当知是名坚固菩萨，堪受如是净戒律仪，以受戒法，如应正受。由是此与毗奈耶异。此于未受律仪之前，善听了知，若心坚固能护学处，乃受律仪。若有成就如是意乐，律仪乃生。若未成就，则戒不生。如《摄分》云："若有为令他了知故，随顺他故，由他劝导受菩萨戒，非自至心随观随察自生净信，于诸有情住怜愍心，爱乐善法受菩萨戒，当言此非真实防护，亦非圆满修习善法，亦不能得彼果胜利。与此相违，当知名为真实防护，亦名圆满修习善法，亦能获得彼果胜利。"

【科】壬二　境差别

论曰："当审访求同法菩萨，已发大愿，有智有力，于语表义能授能开，于如是等功德具足胜菩萨所。"

【释】须何等境受律仪耶？答：访求已发菩萨大愿，谓已发愿心。言同法者，谓善安住菩萨律仪，善巧大乘，于受学处作请白等所有语表，能持其文，能解其义，从此而受。

论曰："又诸菩萨不从一切惟聪慧者，求受菩萨所受净戒。无净信者，不应从受。谓于如是所受净戒，初无信解，不能趣入，不善思惟。有悭贪者，悭贪蔽者，有大欲者，无喜足者，不应从受。毁净戒者，于诸学处无恭敬者，于戒律仪有慢缓者，不应从受。有忿恨者，多不忍者，于他违犯不堪耐者，不应从受。

有懒惰者，有懈怠者，多分耽著日夜睡乐，倚乐卧乐，好合徒侣，乐喜谈者，不应从受。心散乱者，下至不能㨝牛乳顷善心一缘住修习者，不应从受。有暗昧者，愚痴类者，极劣心者，诽谤菩萨素怛缆藏摩怛履迦者，不应从受。"

【释】不从谁受耶？谓不应从一切聪慧菩萨，受菩萨戒。谓坏意乐及坏加行。坏意乐者，谓无净信，于此律仪，初无胜解，次不趣入，后不思维，或无功用。坏加行者，谓若失坏六度加行，初者谓于身财有悭贪者，悭增上转悭贪蔽者，于所未得有大欲者，虽已获得不知足者，忍受布施所有逆品。第二者，谓犯他胜无余律仪毁净戒者，现行恶行犯有余残，于诸学处无敬慢缓。第三者，谓遇逆缘不能堪忍，现恼乱心有忿勃者，忆念怨害数数恼乱有怀恨者，四沙门法所对治品于他四过不堪忍者。第四者，谓不乐善法有懒惰者，乐所治品有懈怠者，为释此故，多分耽著日夜睡乐，倚乐、卧乐，以猥杂言虚耗时日。第五者，谓心不能住奢摩他等，心散乱者，下至不能㨝牛乳顷于一善缘修住心者。第六者，恶慧分二，一现行恶慧，谓自不能了知真实有暗昧者，虽说不解，愚痴类者，于广大法不忍怯惧，或性愚蒙极劣心者。二持恶慧因，谓谤菩萨素怛缆藏摩怛履迦，不应从此等受戒律仪。有释论云："现如是过虽皆略有，谓不应从极具足者。"谓若无重过，少有过者亦可从受。

【科】辛二　受法差别分二

　　壬初　受者受法之差别

论曰："先礼双足，如是请言。我今欲于善男子所，或长老所，或大德所，乞受一切菩萨净戒，惟愿须臾不辞劳倦，哀愍听授。"

【释】如前所说如是之身，先应顶礼彼境双足，若不恭敬，不生戒故。又如胜敌论师、无畏论师所说，先献坛供，次请白云："我今欲于善男子所，乞受菩萨净戒律仪，惟愿须臾不辞劳倦，哀愍听授。"若不求受，戒不生故。胜敌、觉贤、燃灯、无畏诸大论师，皆说三返。尔时之威仪，无畏、胜敌论师，说为蹲跪合掌，或膝据地，即如下说随一威仪。

【科】壬二　境授法之差别

论曰："尔时有智有力菩萨，于彼欲受律仪菩萨，先当为说菩萨律仪广大胜利。又为欲受菩萨律仪宣说学处，若轻若重，为生勇悍，如是告言：善男子！听。汝今为欲令诸有情，未度者度，未解者解，未出者出，未涅槃者令般涅槃，绍继佛种令不断否？汝当于此发坚固心，立坚固誓。见彼不知如是义者，为发勇悍故当宣说。"（此段汉论中缺）

【释】次有力能授净戒菩萨，为彼欲受律仪菩萨，当广宣说菩萨律仪广大胜利。次为欲受律仪菩萨，宣说学处诸轻重罪。又为令发勇悍之心，作是告云："善男子！听。汝今为欲令诸有情，未度者度，未解者解，未出者出，未涅槃者令般涅槃，绍继佛种令不断否？汝当于此发坚固心，立坚固誓。"作此说者，由见彼是自不知求受律仪者，于受律仪令发勇悍，令其荷负学处重担意乐坚固。

护持胜利，如下所说。又《集学论》云："《寂静决定神变经》云：'曼殊室利！若于殑伽沙数诸佛，一一佛所，以摩尼宝大自在王，充满殑伽沙数佛刹而为供养。如是供养，复经殑伽沙数诸劫恒常供养。曼殊室利！若余菩萨听闻如是种相法已，独往一处思惟观察，谓我当学如是正法，生乐学欲，纵未能学，然所生福极为众多。菩萨布施大摩尼宝自在王，福非能如是。是故菩萨见斯胜利定当不退。"前经又云："曼殊室利！譬如三千大千世界，极微尘数一切有情，一一有情，皆为大王王赡部洲，如是一切共作契言：若有受持读解大乘，我等每日以爪割彼五两身肉，以如是苦，令其舍命。曼殊室利！若此菩萨闻如是语，不惊，不怖、亦不惶恐，下至不生一念恐怖之心，无怯、无弱，亦无犹豫，受持正法后转精进，精勤读诵。曼殊室利！如是菩萨名勇行布施，勇护尸罗，勇修堪忍，勇猛精进，勇住静虑，勇修般若，勇三摩地。曼殊室利！若此菩萨于彼杀者，不忿、不慢、不生瞋心。曼殊室利！如是菩萨等同梵王，等同帝释，不可倾动。"若现在时能敬学处其果尤大，如《月灯经》云："经恒沙多劫，无量诸佛前，供养诸幢幡，灯鬘饮食等。若于正法坏，佛教将灭时，日夜持一学，其福胜于彼。"故于学处应恭敬学。如是为说，学处轻重者，根本罪重，余罪为轻，当为宣说不护过患。《集学论》云："《正法念住经》说，若略思施后不布施，当生饿鬼。先誓布施后不布施，生那落迦。何况誓与一切众生无上菩提，后

不修行。"故《正法摄经》云:"善男子!菩萨应当爱重谛实。善男子!正说谛实即正说法。善男子!云何实谛?若诸菩萨,先于无上正等菩提,既发心已,后舍其心,于诸有情而行邪行,此为菩萨最恶妄语。"《海慧经》云:"海慧!譬如国王或王大臣,先请城邑一切有情,谓施饮食。后复弃舍不办饮食,此为欺诳一切众生。彼由未能得饮食故,讥诃而去。海慧!若有菩萨,先为安慰一切有情,未度者度,未解者解,未出者出,未涅槃者令般涅槃。后不求多闻,亦不勤修所余善品菩提分法。如是菩萨非如言行,欺诳天人及诸世间。先曾见佛所有诸天,见其如是,轻笑讥毁。先许祠施后能实行,如是施主最为希有。海慧!若语欺诳天人阿修罗等一切世间,菩萨不应说如是语。"受戒不护所有过患,谓堕诸恶趣,是极妄语,欺诳诸佛菩萨一切世间,为诸天人之所诃责。由见如是胜利过患,不舍发心,当固誓愿而受律仪。燃灯论师,此处不说胜利轻重,从"善男子!乃至立坚固誓",次续问云:非为胜他耶?非他劝受耶?又诸先觉,于前四句后亦加欲否,而为征问。次更问云:汝今受律仪,非为胜他耶?非自无主惟他劝耶?于诸菩萨素怛缆藏,摩怛履迦,曾听闻否?解否?信否?能少护否?答云:略闻等。

未度等者,跋缚跋陀罗释云:声闻独觉,未度所知障,令其度越。大梵王等,未解痴等二障系缚,令其解脱。那落迦等未能出苦,令其出苦。有情未般无住涅槃,安立涅槃。

【科】庚二 修集资粮

论曰："既作如是无倒请已，偏袒右肩，恭敬供养十方三世诸佛世尊，已入大地得大智慧，得大神力诸菩萨众，现前专念彼诸功德，随其所有功德因力，生殷净心，或少净心。"

【释】别解脱戒，惟于僧众起恭敬心，即能获得。今此律仪胜出彼故，先供一切诸佛菩萨，次乃能得。故欲受此律仪者，当偏袒右肩，对佛像前，专念过去、未来、现在诸佛世尊，及现住十方已入大地得甚深智，获广大力，诸菩萨众不共功德，皆由成就如是律仪之所获得。又此律仪，要由最胜善净意乐，乃能生起。故应至心，随自现在功用能力及宿因力，发生殷重清净信心。或由彼等因缘之力，生少净心，恭敬供养。总谓先应洒扫地基，善饰庄严，供大师像，及诸圣像，犹如十方诸佛菩萨亲现在前。专念其德，生殷重信。迎请尊长，坐狮子座，如仪轨说当作佛想，端严陈列众多上妙花香灯烛。师引弟子于三宝所及尊长所，礼赞为先，以曼达罗及诸供物，恭敬供养。

【科】庚三　劝速授戒

论曰："有智有力胜菩萨所，谦下恭敬，膝轮据地，或蹲跪坐，对佛像前，作如是请：惟愿大德，或言长老，或善男子，哀愍授我菩萨净戒。"

【释】次谦恭礼，右膝据地，或蹲跪坐，作如是请。若是在家称善男子，若是出家戒腊幼晚，称云具寿（奘师译长老）若腊高迈称云大德。惟愿哀愍，授我菩萨净戒律仪。燃灯论师谓更请云："惟愿速授，及三返请。"德光论师云："论说善男子等三

者，显非定须从出家前受，及非惟从戒腊高前正受律仪。"智祥论师云："咒及施等道，苾刍从有智，苾刍前受取，非应从余受。"此说苾刍，若有苾刍，可从正受上二律仪，则不应从在家等受，非说从余受戒不生。

【科】庚四　修胜欢喜

论曰："如是请已，专念一境，长养净心。我今不久当得无尽无量无上大功德藏，即随思惟如是事义，默然而住。"

【释】专念一境长养净心，谓我今不久当得无尽无量无上大福德藏，随思此义，恭敬合掌，默然而住。

【科】庚五　问障难

论曰："尔时有智有力菩萨，于彼能行正行菩萨，以无乱心，若坐若立，而作是言：汝如是名善男子听，或法弟听。汝是菩萨不？彼应答言是。发菩提愿未？应答言已发。"

【释】有智授者，或坐或立，以无乱心，于能受者作如是言：汝如是名善男子听，或法弟听。汝是菩萨不？发菩提愿未？彼应答是。两问之义，谓令醒觉种性堪能，坚固愿心。燃灯论师，问难之后，令生勇悍，更续问云："欲于我所，受诸菩萨一切学处，受诸菩萨诸净戒否？"弟子亦应答言：欲受。后授律仪。

【科】己二　正行法

论曰："自此以后应作是言：汝如是名善男子，或法弟，欲于我所，受诸菩萨一切学处，受诸菩萨一切净戒。谓律仪戒，摄善法戒，饶益有情戒。如是学处，如是净戒，过去一切菩萨已具，未来一切菩萨当具，普于十方现在一切菩萨今具。于是学处，于是净戒，过去一切菩萨已学，未来一切菩萨当学，现在一切菩萨今学。汝能受不？答言能受。能授菩萨，第二第三亦如是说。能受菩萨，第二第三亦如是答。"（此羯磨文与藏文次第稍异。又"现在一切菩萨今学"一句，其上似缺"普于十方"四字，校藏文及后无师羯摩文，皆有之。）

【释】先善开晓受法文义。当如是言：汝如是名善男子，过去一切菩萨所有学处，所有净戒，未来一切菩萨所有学处，所有净戒，普于十方现在一切菩萨所有学处，所有净戒。于是学处，于是净戒，过去一切菩萨已学，未来一切菩萨当学，普于十方现在一切菩萨今学。菩萨所有一切学处，菩萨所有一切净戒，谓律仪戒、摄善法戒、饶益有情戒，从我受否？如是三说，一一皆同。彼于一一皆当言受，乃至三答。言学处者，谓所应修学之处。言净戒者，谓于学处修学之自性。又此文先显三世菩萨共同修学，次言于彼学习之相，后总摄成三聚净戒，为所正受。

【科】己三　结行法分四

　　庚初　请证

论曰："能授菩萨作如是问，乃至第三授净戒已。能受菩萨作如是答，乃至第三受净戒已。能受菩萨不起于座，能授菩萨对佛像前，普于十方现住诸佛，及诸菩萨，恭敬供养，顶礼双足，作如是白：某名菩萨，今已于我某菩萨所，乃至三说受菩萨戒。我某菩萨，已为某名菩萨作证，惟愿十方无边无际诸世界中，诸

佛菩萨第一真圣，于现不现一切时处一切有情皆现觉者，于此某名受戒菩萨亦为作证。第二第三亦如是说。"（此与藏文次第亦稍不同。）

【释】对佛像前，普于十方，现在一切诸佛菩萨，顶礼双足合掌白言：某名菩萨，今已于我某菩萨所，乃至三说求受菩萨净戒律仪，我某菩萨，已为某名菩萨作证，正受菩萨净戒律仪。惟愿十方无边无际诸世界中，第一真圣，于诸不现一切时处一切有情皆现觉者，亦为作证。乃至三说。又传承中弟子不起，自当胜解顶礼十方刹土之中佛菩萨足，于一一方各礼三礼，散华供养。次立合掌，先请存念云："十方一切诸佛菩萨于我存念。"次请作证。礼上下方者，观想上下，向东西礼。言不现者，谓于我等，于佛菩萨无不现见。

【科】庚二　赞扬胜利

论曰："如是受戒羯摩毕竟，从此无间，普于十方无边无际诸世界中现住诸佛，已入大地诸菩萨前，法尔相现。由此表示，如是菩萨已受菩萨所受净戒。尔时十方诸佛菩萨，于是菩萨法尔之相，生起忆念。由忆念故，正智见转。由正智见，如实觉知某世界中某名菩萨，某菩萨所正受菩萨所受净戒。一切于此受戒菩萨，如子如弟，生亲善意，眷念怜愍。由佛菩萨眷念怜愍，令是菩萨希求善法，倍复增长，无有退减。当知是名受菩萨戒启白请证。"

又曰："如是菩萨所受律仪戒，于余一切所受律仪戒最胜无上，无量无边大功德藏之所随逐，第一最上善心意乐之所发起，普能对治于一切有情一切种恶行，一切别解脱律仪，于此菩萨律仪戒，百分不及一，千分不及一，数分不及一，计分不及一，算分不及一，喻分不及一，邬波尼杀昙分亦不及一，摄受一切大功德故。"

【释】受戒羯摩圆满无间，普于十方无边世界，现住诸佛及入大地诸菩萨前，法尔相现，谓座动等。由此令忆，如是菩萨已受菩萨所受律仪。其后遂于何处，谁所，谁受律仪，生起忆念。由忆念故正智见转，由正智见如实觉知，某世界中，某名菩萨，某菩萨所，正受菩萨净戒律仪。诸佛于此觉其如子，菩萨于此觉其如弟，生亲善意，眷念怜愍，愿无灾难众义成就。由眷念故，令此菩萨诸善增广无有退减。菩萨受此净戒律仪，于余一切所受净戒律仪，有四殊胜最为殊胜：一、更无过上故，名曰无上。二、摄集无量福德果故，名为无量大福德藏之所随逐。三、为欲利乐一切有情，增上意乐所发起故，名为第一善心意乐之所发起。四、普能对治一切有情三业所起一切恶行。受别解脱律仪，于此菩萨净戒律仪所有福德，百分、千分、数、计、算、喻、邬波尼杀昙分，亦不及一。

【科】庚三　礼谢供养

论曰："如是已作受菩萨戒羯摩等事，授受菩萨俱起供养，普于十方无边无际诸世界中诸佛菩萨，顶礼双足，恭敬而退。"

【释】师徒俱起，普于十方无边无际诸世界中诸佛菩萨，如前供养顶礼双足。

【科】庚四　不应率尔宣说律仪

论曰："又诸菩萨，于受菩萨戒律仪法，虽已具足受持究竟，而于谤毁菩萨藏者无信有情，终不率尔宣示开悟。所以者何？为其闻已不能信解，大无知障之所覆蔽，便生诽谤。由诽谤故，如住菩萨净戒律仪，成就无量大功德藏，彼诽谤者，亦为无量大罪业藏之所随逐。乃至一切恶言恶见，及恶思惟，未永弃舍，终不免离。"

【释】次当为说，虽于受菩萨律仪仪轨，持文解义，然于憎恚谤菩萨藏不信不解，诸有情所，不应率尔不观法器，宣示其文开悟其义。所以者何？由彼闻已不能信解，大无知障之所覆蔽，谤为不善、不净、无义。犹如菩萨安住律仪，成就无量大福德藏，彼诽谤者，乃至一切诽谤恶言，意著恶见，邪想现行，诸恶思维，未能一切一切永舍，惟为无量大罪业障之所随逐。如燃灯论师，将结行法摄为四类，论中亦显。又此论师于请证后礼谢供养，论则如上，若最后供养，乃为便易。《律仪二十颂》摄彼义云："随力而供养，敬礼佛菩萨。住十方三世，诸菩萨尸罗，一切福德藏当以善意乐，从有智有力，住律尊长受。尔时令善增，诸佛及佛子，善意恒于彼，眷念如爱子。"初二句文，表加行法，次六句文，说所受戒，能受意乐，及受戒境。次后四句赞扬胜利，表结行法。

【科】戊二　无师法

论曰："又诸菩萨，欲受菩萨净戒律仪，若不会遇具足功德补特伽罗,尔时应对如来像前,自受菩萨净戒律仪。应如是受:偏袒右肩,右膝著地,或蹲跪坐,作如是言:我如是名,仰启十方一切如来,已入大地诸菩萨众。我今欲于十方世界佛菩萨所,誓受一切菩萨学处,誓受一切菩萨净戒,谓律仪戒、摄善法戒、饶益有情戒。如是学处,如是净戒,过去一切菩萨已具,未来一切菩萨当具,普于十方现在一切菩萨今具。于是学处,于是净戒,过去一切菩萨已学,未来一切菩萨当学,普于十方现在一切菩萨今学。第二第三亦如是说。说已应起。所余一切如前应知。"

【释】若不会遇如前所说具足功德补特伽罗,尔时应对如来像前,自受菩萨净戒律仪。偏袒右肩,右膝著地,或蹲跪坐,作如是言:"我如是名,仰启十方一切如来已入大地诸菩萨众,菩萨所有一切学处,菩萨所有一切净戒,谓律仪戒、摄善法戒、饶益有情戒,过去一切菩萨已学,未来一切菩萨当学,普于十方现在一切菩萨今学,于尊等前我亦誓受。"(此羯摩文较奘师译稍有简略。)三说而起。所余一切如前应知,谓所余法同有师法。诸释论中,于诸余法,取舍之理皆未详说。然问障难等,及请作证,嘱令不应率尔宣说,似可放置。

有师无师,《集经论释》说:"若有身命梵行障难,近亦如无。若无彼难,纵远处有亦当往求。"新疏中云:"先受失坏,后还净者,及不恭敬欲受律仪,不可依于无师之法,当须依止有师之法。"其中后者,若有尊长,由不恭敬,欲自受戒实不应理。然还净者,旧疏中谓:"若有尊长从尊长受,若无当依无师法

受。"引《菩萨地》无师之法，以为证成。亦即无著菩萨意趣。以于律仪还净之时，说不会遇具足功德补特伽罗故。现在圣教最极衰微，尤入大小乘门，正受上下诸律仪已，于自学处能多所作勤守护者，犹如晨星。别解脱戒，密咒律仪，初受戒法，若无尊长无法能受。受戒之境，况云具足论经所说一切德相，能于功德过失之中，功德增上亦属稀少。菩萨律仪最初受时，若未会遇具相之师，对佛像前以受戒法清净正受，能生圆满德相之戒。初得戒法，即与其余二戒不同。故具慧者，应于此戒善受善护，随自功能，具大勇势精勤修学。寂天菩萨云："我今世有果，亦善得人身，今生佛族中，今成诸佛子。"此说若得如是律仪，当思寿未空过，获得人身已取坚实，入佛子数。又云："从今我定当，作顺种姓业，此净无过种，不应令秽浊。"当发意志，念我从今任作何事，定不犯戒。已释受戒法。

【科】丙三　释守护法分二

　　丁初　总明守护法

　　丁二　别释

　　今初

　　论曰："又此菩萨，安住如是菩萨净戒，先自数数专谛思惟，此是菩萨正所应作，此非菩萨正所应作。既思惟已，然后为成正所作业，当勤修学。又应专励听闻菩萨素怛缆藏，及以解释。即此菩萨素怛缆藏，摩怛履迦，随其所闻，当勤修学。"（此段较藏文稍略）

【释】又此菩萨安住所受菩萨净戒，应数观察，此是菩萨正所应作，此非应作。当先了知应进止处，其后为成正所作业，如所决择，即应如是守护勤学。又当专励听闻菩萨素怛缆藏，或此总摄素怛缆藏摩怛履迦。以于素怛缆中，宣说百千菩萨学处，为成办故，如其所闻当勤修学。《集学论》云："菩萨律仪者，方广大乘说。"又云："不舍善知识，常阅诸契经。"说由此等方便守护，不舍修习菩萨学处。善知识者，是为第一守护方便。应当听闻素怛缆藏，尤应听闻《菩萨地》及《集学论》。若此不能，定当听闻《戒品》。若于菩萨所应学处，至极蒙昧，则言大乘惟是虚名，仅能诳惑诸愚夫辈；若诸聪睿，于大乘中广大教典所说修行获定解者，谁生欢喜？又听闻已，于诸学处当勤修学，莫效贫儿数他财宝。《集法句论》云："多说善语人，放逸不实行，如牧数他畜，不得沙门分。虽少说善语，正行法随法，能离贪瞋痴，此得沙门分。"《入行论》云："此等应身行，惟言说何益，若惟诵药方，岂益诸病者。"若尔，经中所出学处，初发业者当学多少？若佛亲遮，或虽未遮，然初业时不能实行。除此二外，于余一切菩萨学处，若不修学当知有罪。《集学论》云："若为菩萨总所宣说，然非能修，或已遮止，初业菩萨不应修学。若非此二，一切应学。"又除彼二，遍学余者，有不能时，亦无有罪。即前论云："若正勤修此一学处，于余学处未能守护，亦无有罪。如《无尽慧经》云：'若行施时于戒钝舍乃至广说，然于此中不应故缓。'《十地经》说，非于所余不勤修学，当随力能如应而行。"

又若学习此诸学处，有犯无犯其理有二：一者、谓为引生一

切有情一切喜乐，及为止息一切忧苦，若不三业至诚无谄精勤修行，而更弃舍，当知有犯。乃至舍一刹那亦成违犯。若虽勤修，然不勤求顺缘资粮，及未励力对治违缘，如前弃舍，亦名有犯。若为对治大忧大苦，不能忍受小忧小苦，及为引发广大义利，不能捐弃微小义利，刹那弃舍亦名有犯。若诸学处非自能学而不修学，此无违犯。未曾于此制学处故，无义利故，若反于彼勉力勤学，当知有犯。又此罪犯，总悔中摄即得还出，不须别悔。若诸学处是所能学而不勤学，当知有罪。论虽于此说名性罪，似就故知犯罪而说。二者、犯罪之理，总诸菩萨略有二犯：一未观察，而行成犯；二虽已观察，违其所应成犯。未观察而行成犯者，若未随力审谛观察应不应理，率尔发趣，或是遮止，或复弃舍，当知有犯。虽已观察，违其所应成犯者，谓虽观察应不应理，然故违越应进应止及应舍者，于彼倒行，下至违越旃陀罗奴所讥笑事，亦名有犯。《集学论》总学处时，作如是说。又《律仪二十颂》略摄应作非所应作云："随于自及他，虽苦若有利，及利乐应作，不作乐无利。"其中利者，谓无染，无罪，于当来世，感乐异熟。乐谓乐受，现前安乐究竟利益，则于自他定应引发。若现前苦究竟无利，则于自他定不应为。现前虽苦，后有利益，是所应作。譬如遮止，善士所呵所有恶行，现前似苦，犹如辛药现似有损，于病有益，故当习近。又邪欲行现前似乐，然于当来能增多苦，犹如甘美杂毒饮食，必当遮止。如《菩萨地》利益安乐种类，自利利他时，应当广知。

菩萨戒品释 卷三

【科】丁二　别释分六

　　戊初　所断罪犯

　　戊二　从犯护心之法

　　戊三　毁犯还出方便

　　戊四　说贪罪轻之密意

　　戊五　罪犯轻重之差别

　　戊六　乐住之因

此中何身，生几类罪耶？所依身者，论中说云："又一切处无违犯者，谓若彼心增上狂乱，若重苦受之所逼切，若未曾受净戒律仪，当知一切皆无违犯。"谓须具二法：一、得戒未舍。二、意乐正住。

罪之类别，惟有二种。《律仪二十颂旧疏》云："菩萨律仪罪惟二类：一、他胜处法摄。二、恶作法摄。非如苾刍净戒律仪，有五类罪。"《新疏》与《庄严能仁密意论》，亦说惟有二种罪体，或名二部。此论正义，亦实如是。故藏地人，及黑行论师《释难》中云："菩萨律仪，有他胜处，窣堵罗罪，诸恶作罪，皆当防护。"说为三类，不应道理。若应理者，中下缠犯，应是粗罪。然此论说中下缠罪，为他胜法及恶作罪。故中下缠犯，体是恶作，类为他胜。譬如苾刍他胜罪中，粗及恶作，皆悉立为他胜类摄。

【科】戊初　所断罪犯分二

　　己初　他胜类

己二　恶作类

　初又分五

　　庚初　他胜自体

　　庚二　他胜所作

　　庚三　三缠差别

　　庚四　可还净之殊异

　　庚五　舍戒因缘

　初又分二

　　辛初　此论所说

　　辛二　余论所说

　　今初

论曰："如是菩萨住戒律仪，有其四种他胜处法，何等为四？"（以下论文与释文同者，即略其释文未译）

【释】此中他胜，略有二支。

【科】壬初　共（共者于缠犯时兹当广说）

　　壬二　不共分四

　　癸初

论曰："若诸菩萨，为欲贪求利养恭敬，自赞毁他，是名第一他胜处法。"

【释】此文分三：一说所对境。二所说事。三言说发起。今初明境，要依此境方成他胜，故须异自相续，能说，解义，与自同类之众生。论虽无文，义实应尔。二所说者，谓自功德及他过失。即是自赞，毁他有德众生恭敬之处。三发起分四：一贪求利敬之量。二贪心之量。三从谁得利养恭敬境之差别。四观察发起，须否俱贪利养恭敬。初利敬量中，利养谓衣服、饮食、房舍、车乘等，随一财利。恭敬，谓设床座等而为承事。二贪心量，非为供养三宝，及悲贫穷为除贫苦而求利敬，是于利养恭敬爱染为性增上贪求。三境之差别，求利之境，非自共产。若不尔者，自赞毁他全无义故。恭敬之境，于自徒众亦可希求，故不须异产。四观发起心须否俱贪，谓自赞毁他，于利养恭敬随一之事，定须贪著，然非须俱贪利养恭敬。即由如是发起之心，随说自赞或言毁他，他解义时，皆成第一同他胜法。（言同他胜者，义为类似他胜，非真实他胜。以上品缠违犯菩萨他胜处法，可还出故，下文详明）。《律仪二十颂新疏》（下称新疏）云："他者，谓具足功德，是诸众生恭敬之处。"传说云海释（下称传释）云："他有德者。"义与前同。《虚空藏经》与此论之别，至下当说。利养恭敬及贪著者，《新疏》中云："有所获得故名利养，谓衣食等。善妙承事名曰恭敬。若于此等增上贪著，是名贪求。"《传释》亦云："利养，谓诸饮食、衣服、宝等。恭敬，谓敬重承事设床座等。"

【科】癸二

论曰："若诸菩萨，现有资财，性悭财故，有苦有贫无依无怙正求财者，来现在前，不起哀怜，而修惠舍。正求法者来现在前，性悭法故，虽现有法而不给施，是名第二他胜处法。"

卷三

【释】此中分四：一求者。二所求物。三所从求境。四由何意乐而不惠施。初求者，有《释论》云："有苦，谓不具财物。有贫，谓乏无饮食。无怙，谓无养育者，如家主等。无依，谓无诸亲友能饶益者。"总谓匮乏二种资财，除菩萨外，现无余人为除其苦。彼由专意前来乞求。《传释》中云："求者现前。"二所求物者，谓非刀等所不宜物，及非毒等诸不净物。此亦是约有害之时，三所从求境。《新疏》中云："有可施物，及了解法。"谓自现有。四不施意乐者，谓悭吝所蔽决定不舍。论文虽于不舍财中说无哀愍，于不施法说由悭吝。然《新疏》及《传释》，俱于财法，说悭故不施。《律仪二十颂论》，亦即如是取其密意，极为善哉。（法尊按：汉文"性悭财故"一句，藏论为"性贪著故"。故有此辩论。）藏师有云："自定不舍，犹非究竟，要待求者断其希望。"梵文论中皆无是说，义亦不成。

【科】癸三

论曰："若诸菩萨，长养如是种类忿缠，由是因缘，不惟发起粗言便息，由忿蔽故，加以手足块石刀杖，捶打伤害损恼有情。内怀猛利忿恨意乐，有所违犯，他来谏谢，不受不忍，不舍怨结，是名第三他胜处法。"

【释】此中分二：第一捶打有二，一意乐，二加行。初意乐者，谓菩萨于他发忿粗言。惟以粗言忿犹不舍，而更长养为忿所蔽。二加行者，由忿增上若以自身，若身所掷，若身所持，捶打于他。若禁闭等而为伤害，若以鞭挞及系缚等而为损恼。此境有情，为系何趣，虽无文明，似须同趣能解义者。是粗恶语言说境故，《集学论》说，捶打犯戒，是根本罪故。

第二不受谏谢分四：一行谏谢人。二行谏谢法。三不受发起。四不受自性。初行谏谢人者，《新疏》及最胜子释云："先作侵犯悔谢其罪。"谓于菩萨，先为侵犯，现前至心欲求悔谢。二行谏谢法者，谓顺时，顺法，求其忍恕。三不受发起者，谓于先侵犯，内怀猛利忿恨意乐。四不受自性者，谓不听其语，不受忍恕，亦不弃舍忿恨之心。

【科】癸四

论曰："若诸菩萨，谤菩萨藏，爱乐宣说开示建立像似正法。于像似法，或自信解，或随他转，是名第四他胜处法。"

【释】此中分二：第一、谤大乘有二：一所谤事，谓总开示甚深广大菩萨法藏。二诽谤之理，如下所说，而为诽谤。二、宣说相似法分二：一所说事，诸余释论，皆未明说，惟《传释》云："或小乘法，或外道法。"然论是说相似正法，非是说为相似大乘。故是一切随顺黑法。二宣说之理，谓自于此法，深生爱乐，为他宣说，又将他人安立其见。

总摄此义，《律仪二十颂》云："谓由猛利惑，失坏戒律仪，其罪有四种，意同他胜处。由贪利敬故，自赞而毁他。于有苦无怙，悭不舍财法。由忿不受他，谏谢而打他。谤毁于大乘，宣说相似法。"猛利惑者，谓上品缠。言其罪者，谓具律仪菩萨之罪。觉贤论师云："由犯他胜失坏律仪，故名他胜。惟就同是

失律仪因，名同他胜，非一切舍。非如苾刍犯他胜已无可重受，此可重故。"云海论师云："如诸声闻，由淫贪故，俱坏自他无苾刍分。如是菩萨由其爱著利养恭敬，俱坏自他。又如声闻由贪著故盗他财物，而成他胜，此有财法，若不惠施而成他胜。声闻杀人而成他胜，此于有情，起忿恼心，以手足等而行损害，及他侵犯不受谏谢，是为他胜。声闻实无妄说得法而成他胜，此有不说，毁谤正法，开示非法而成他胜。"诸余释说，与别解脱他胜处罪，数量发起皆相同故，名同他胜。

又此他胜，有说惟四，分八非理。论说四种他胜处法，颂亦说为"其罪有四种"故。若如此说则一一他胜，皆俱二法，谓赞毁等。藏师有云："其赞毁等一一别分，皆成他胜，故成八种，更加别解脱四种，他胜共为十二。若贪利养，自赞毁他，尚犯他胜，何况行淫，谓此即是云海所许。"然《菩萨地释》中，全无斯语。《传释》虽说："若尚不犯贪求利养及恭敬等，定不违犯淫欲等四。"此显能护别解脱中诸他胜罪，并未说彼即是菩萨他胜罪故，无一经论可资佐证，纯属臆造。

言四他胜，是约意乐，谓于利敬而起贪求，于诸资财而起悭吝，于诸有情起损恼心，于诸正法邪行愚痴，为四他胜。分为八者，是约加行，谓若自赞，毁呰于他，不与正法，不施财宝，捶打有情，不受谏谢，毁谤正法，说相似法，皆是他胜。故虽说四无害于八。如《庄严能仁密意论》云："菩萨藏中说有四种根本重罪，又说自赞及毁他等，四罪各二，共为八种。"此论亦将赞毁等八，别别宣说。云海论师于第二他胜处时，"谓若不施贫苦求者，或不施法，是他胜处。"各别分说，皆为他胜。以此正理于余三罪，亦应尔故。无畏论师亦说为八。《集经论释》云："无著菩萨显然说为八种他胜。"燃灯智所傅，诸先觉亦许为八，故当分为八种他胜。

又《集学论》，及《律仪二十颂》，于第三他胜罪时，虽似摄为一，然是翻译之别，义实为二。《律仪二十颂旧疏》中文与《菩萨地》同。慧生论师《入行论释》中，引《集学论》文，亦为"由忿打有情，若勤求欢喜，不忍恕有情"。

若各别分亦成他胜，颂说"不施于求法，不施于求财，他骂报骂等，弃舍他谢悔，毁谤大乘法，勤非勤外论，精勤复爱乐"为恶作罪，则为相违。答曰无过，不施财法他胜处中，须以悭吝为发起心。二恶作中，非以悭吝为发起故。《新疏》于不施法如是释已，次云："余亦由其发起不同，而有差别。"他打报打，是为报打，他胜之打非待报故。恶作之中不受谢悔，非由忿恨，他胜由恨。毁谤大乘他胜恶作之差别，如《傅释》云："若尔，与前谤菩萨藏有何差别？答：前谤一切大乘法藏，此于经藏甚深一分，不能信解而兴诽谤。"然非惟须毁谤甚深，论文自显。勤学外论二恶作中，前谓现有佛语可勤修学，而不勤学，反勤外论，是以成犯。后谓，若诸利根无动觉者，常以二分勤学佛语，兼勤外论是所听许。未许于彼爱乐而转，故若爱乐犯恶作罪。他胜罪中，开示建立相似正法者，非惟自乐，谓自爱乐而更修习，

又安立他亦令修习。如云海论师云："说非正法犯他胜罪。言爱乐者，是自欲乐，如其爱乐亦为他说，故名宣说。言建立者，是令他人修行趣入。"若尔，"自赞而毁他"，云何说为恶作罪耶？答：此亦由其发起不同，至后当说。惟应如是断相违过。无惭愧等不能判别，设有惭愧，纵非他胜，亦成随一中下缠犯，故不应理。

【科】辛二　余论所说

《集学论》中诸根本罪，觉贤论师，对于《虚空藏经》所说诸根本罪，成立彼等非根本罪，破其是根本罪。其能立者，谓彼诸罪，非是能坏所得律仪缘故。即彼经云："若刹帝利种灌顶大王，犯根本罪，往昔所种一切善根，皆当失坏。从人天乐为他所胜，当生恶趣。"此是说断绝未受戒前所种善根，人天乐事。其能破者，谓受戒已，若此诸罪是能失坏律仪之缘，则是他胜。尔时具足律仪菩萨，于此他胜随犯一种，即舍律仪，况犯一切，则菩萨藏摩怛履迦《菩萨地》中，理当宣说，然未说故。又为刹帝利种，说五根本罪。为初发业者，说八根本罪。若由刹帝利种律仪有别，则根本罪亦有异者，全非正理。此说意谓，若彼经文如言取义，刹帝利五，于初发业应非根本罪，初发业八，于刹帝利亦应非根本罪。然此非理，以戒律仪无差别故（此上觉贤论师义为第一说，下尚有三说，后依次渐破）。无畏论师，于《虚空藏经》与《菩萨地》根本罪不同，断相违过时说："由补特伽罗中下上别，说五八四。"此广显示罪之差别。又说："然于一补特伽罗，余亦犯罪。"谓于刹帝利种说五罪，是依中根补特伽罗。于初发业说八罪，是依下根补特伽罗。《菩萨地》中说四罪，是依上根补特伽罗。然于一一补特伽罗，亦许立余诸根本罪（次说《菩萨地》之四罪，能摄一切，文繁义鲜，略而不译。此为第二说）。藏人有云：各各经意，是对各各所化之机，故当依各别受法。若以《集学论》及《入行论》受法受戒，《虚空藏经》所说为根本罪。若以《菩萨地》受法而受，则《菩萨地》所说诸罪，为根本罪。（此为第三说）又有说者，谓以中观宗与唯识宗，宗派异故，而成差别。（此为第四说）初新疏宗未见应理，与解经义堪为定量寂天之宗，成相违故。谓寂天论师先立外难，其刹帝利与初发业为有为无菩萨律仪。若言有者，刹帝利五，初发业八，各别决定不应道理。若言无者，为彼制罪不应道理。又彼诸罪，云何得成有律仪者所犯重罪，次答彼云："依彼易犯，故名彼罪，为令于罪生怖畏故。实于一切皆成罪犯，互当断除。"此论又说最重性罪，令诸未受戒者，尚断善根全无戒分，有律仪者，尤为重大。故说能断未受戒前所有善根，而不坏律仪，极为相违。又凡是根本罪，《菩萨地》中非能俱说。若谓不说，则诸菩萨修学学处，执惟四种根本罪犯而正修学，由余根本罪坏律仪时，自尚未知，有不了知守护界过。若尔，非根本罪，则《菩萨地》亦应说云非根本罪，而为断疑。以于非根本罪，执为根本罪，律仪未坏，亦执为坏，亦不了知守护界故。《虚空藏经》所说诸罪，《菩萨地》中未全宣说，《菩萨地》中所说恶作，《集

学论》中亦未宣说。故于彼中，非定须说一切学处。故《菩萨地》与《集学论》，俱说须阅素怛缆藏（此上破第一说）无畏论师，许《集学论》所说为根本罪，虽属善哉，然以《菩萨地》所说四罪，摄尽一切，多不可凭（略去破文，此是破第二说）。藏人所许者，《集学论》中酬答前问，若具律仪，诸罪各别不应理时，亦善破讫（此破第三说）。《集经论释》说王五罪非根本罪，初业八罪是根本罪，及说龙猛无著菩萨，二宗不同，与《集学论》互糅诸罪，有相违过，故当弃舍。（此上破第四说，以下自宗。）

故经所说诸根本罪，寂天论师解经义时，亦释为根本罪。尤其总摄《虚空藏经》及《菩萨地》，二义合说，惟此应理，故当糅合二宗。《集学论》旧译云："为易受持诸根本罪，及一类许，当说摄颂。"新译云："为欲安住一类宗故当说摄颂。"如旧译者，显然摄集二宗之义。若如后译，言一类者，谓无著菩萨。安住其宗者，谓安立故。又《入行论广释》亦说为根本罪。善天释亦云："先当观阅《虚空藏经》，应当观察诸根本罪。能坏律仪诸根本罪，《虚空藏经》多所宣说，故当观彼。"解脱月释云："根本罪者能坏律仪，应当观阅《虚空藏经》"。遍照护释亦同此说，故定当许为根本罪。《集菩萨学论》摄诸根本罪，颂云：

　　劫夺三宝物，　　说为他胜罪。

　　若毁谤正法，　　佛说为第二。

　　呵犯戒苾刍，　　夺袈裟捶打，

若令入狱禁， 及降其出家，
造作五无间， 执持邪倒见，
毁坏聚落等， 佛说为本罪。
于未净修心， 有情说空法。
已入佛乘者， 遮止大菩提。
令舍别解脱， 安立于大乘。
执谓有学乘， 不能断贪等，
亦令他受持。 赞说自功德，
为利养恭敬， 赞颂而毁他。
谓我得甚深， 而倒说妄语。
令治罚沙门， 施与三宝物，
及受其施与。 令舍奢摩他，
正住诸财宝， 惠施读诵者。
此诸根本罪， 是大地狱因，
对虚空藏前， 梦中当悔除。
弃舍菩提心， 不忍悭贪故，
不施诸求者。 若勤求欢喜，
不忍恕有情， 由忿打有情。
由惑及顺他， 宣说相似法。

初他胜，谓不与取三宝物他胜。此中分六：一、物主。经中惟云："若塔、若僧、若四方僧。"言塔双显佛及佛法，故为三宝。此中佛者，谓佛如来，或形像等。法谓教法，或证正法。言

若僧者，谓有简别。四方僧者，谓无简别。又若异生须四苾刍，若是圣者，一补特伽罗亦名僧伽。言三宝者，不可执如余论所说，谓实如来，无漏灭道，诸圣有学，以说塔庙及四方僧故。又云："或夺塔物，或夺施僧，及四方僧。"此显物主非定须三宝，随一即犯。二、所取物。经无明文，故田舍等处所，及饮食乘等随一资具。物量大小，亦无明文，义亦难定。当如何量，成不与取业道，即以彼量为下边际，堕资具数。又云"施僧"，故随物主，摄未摄持，犯罪皆同。由其回施三宝随一，即彼为主。三、能盗人。盗僧物时，要须自未堕彼僧数。四、意乐。分二：一想，若发起心有差别者，须不错乱。若无差别，犹预以上，须无错乱。盗有错误不成业道，是不与取总教义故。二发起心，谓三宝物，非自能主，欲令离彼。若以悲愍等心为利他故，而行夺取，如下所说有无犯时，虽他律仪诸根本罪，于余律仪容有开许。然此律仪诸根本罪，即于此律定无开许。故此要为自夺，或以染污心而为发起。有说须贪，然不决定。五、加行。经云："自夺或教他夺。"故若自作及教他作，皆盛违犯。又若暗窃，或以力夺，亦皆成犯。如旧译云："窃夺三宝物。"六、不与取量，谓起得心。此中夺佛物等，有三他胜。

第二他胜，谓诽谤正法他胜。此中分二：一所谤之正法，经云："或说声闻出离，或说独觉出离，或说大乘出离，若自毁谤，若令他灭，是名第二根本重罪。"言或者，谓显随一。随谤三乘，相应之经。又"毁谤大乘法"时，说谤甚深，或广大神力一分大乘，犯恶作罪，而《菩萨地》与此论，说谤大乘是他胜罪。故此之大乘，要双宣说甚深广大二分之经。如是声闻出离，谓说四谛。独觉出离，谓说十二缘起小乘法藏。若谤一分小乘义亦犯恶作，如谤大乘。若作是念：谤一分大乘经义犯恶作罪，谤声闻独觉出离，犯他胜罪，不应正理。以谤前者，较谤后者，罪尤重故。答曰无过。随于上下任何律仪，皆不定依罪重罪轻，制重制轻。如别解脱戒，杀平常人制为他胜，出佛身血说为粗罪。又大乘戒，若不与取在家之财，未制他胜。以悭吝心，于有苦求者，不施己财，制他胜罪。二毁谤之理，《集学论》及《集经论》所引经文，为"毁谤令灭"。然经原文为"毁谤灭除"。《菩萨地》中，惟自谤大乘，无令他谤。由许此二义同，故令他谤非必须支。自毁谤者，谓谤非如来说。若尔，"毁谤声闻乘"犯恶作罪，有相违过。答：彼仅轻蔑，非如是谤。后当广说。此有谤大乘等，三他胜罪。

　　第三他胜，谓损害出家他胜。此中分二：一所害境，经云："随佛出家，或受学处，或未受学处，或犯尸罗，或具尸罗。"颂中亦有"虽"字。故言犯戒苾刍，惟是一例。二如何损害分二：一发起，谓于彼境，损害意乐，即杂染心。二加行，谓夺袈裟，逼令还俗，降其出家，随行一事。又说捶打、禁闭、令舍命根，犯他胜者，是捶打伤害损恼他胜所摄。又夺袈裟，物主是出家有律仪者，须未满足四苾刍数。若满四数，则是第一根本罪摄。此有夺取袈裟，及逼降出家二他胜罪。

第四他胜，谓作无间罪他胜。有弒父母，及阿罗汉，破和合僧，出佛身血，五种无间根本重罪。又除破僧，其余四罪，是《菩萨地》第五他胜所摄。

第五他胜，谓持邪见他胜。谤无黑白业果，前生后世，略起此见，即断善根。故受行十不善，及教他受行，非定须之支。

第六他胜，谓坏处所他胜。此中分二：一所坏处所，谓村、城、邑、国四中随一。二能坏中，一发起，谓以染污心坏彼意乐。二加行，谓随以何种摧坏方便，而行摧坏。又《集经论》，引前五罪为国王罪，及以第六而为第二，无间以前，为大臣五罪，经文亦尔。若坏村等中有情之根本罪，是捶打等他胜所摄。若坏其中所有财产之根本罪，则为第一，或第十三他胜罪摄。故此是坏处所，有坏村等四根本罪。

第七他胜，谓对非法器者，说甚深法他胜。此中分三：一说所对境，谓有未善修心之有情，已发大菩提心，若为说空返生恐怖。二所说法，谓离一切戏论之空性。三说已如何，谓闻说空性，深生恐怖，退失大菩提心，发起小乘之心。此约自未审观法器。若已观察自觉彼人堪为法器，然实非器，则无他胜。

第八他胜，谓遮止大乘他胜。此中分二：一所遮境，谓已趣佛者，即是已发大菩提心入大乘人。二遮止之相，谓遮止云："汝不能行六到彼岸，不能成佛。当发声闻独觉乘心，速脱生死。"此惟遮止即便犯耶，抑须退耶？答：如《入行论大疏》说："若遮无上正等菩提，令他发起小乘之心，是名第二。似须退舍。"（此言第二及下戒之第三者，是就初发心八条之第二第三也。）第九他胜，谓谤别解脱他胜。此中分二：一所对境，谓如理修学别解脱调伏。二令了解之相，谓云："何用净护调伏尸罗，当发大菩提心，诵大乘经，则由烦恼所作三业一切恶行，皆得清净。"是说发心，及诵大乘，即能清净。旧译虽云："遮止别解脱及发心，令读大乘。"然新译文及《虚空藏经》所说正确。《入行论大疏》亦云："令舍别解脱律，说惟发大乘心，读大乘经，便得清净，是名第三。"何故下说，若诸菩萨遮声闻乘不应修学，犯恶作罪耶？答：恶作罪者，惟今了解，他胜罪中，如其遮止要他弃舍。

第十他胜，谓谤声闻乘他胜。此中分二：一所谤境，谓有学者乘。言学者乘，即声闻乘，然亦通独觉乘。故谤二乘随一，或总谤二。二毁谤之相，谓实心谤云："随于小乘如何修学，终不能尽烦恼边际，或谓不能无余永断。"经中虽云："汝莫听闻声闻乘法，莫为他说，当弃彼法。"又云："惟当信解大乘法教。"然非必须之支。以经又说，如是说时，若他闻已，信受其见，其境亦犯根本罪故。故颂文"亦令他持"非必须之支。如此戒说，其境亦犯根本重罪。如是于前第七第八戒时，其境若有菩萨律仪，亦犯舍菩提心根本重罪，下当广说。然非彼戒根本罪数。又此他胜，与第二谤二乘他胜亦有差别，前为谤教，此是谤证。又前谤为非如来说，此则谤为不能永断三有根本，故亦不能出离生死。

第十一他胜，谓自赞毁他他胜。此中分四：一对说之境，

《集学论》引经云:"于敬彼者前,亦由嫉妒故,而自称赞。""亦"字义显,非惟须对所毁之境。自赞毁他,或对所毁补特伽罗,或对信敬所毁处者。别译经中,虽无"敬彼"之文,义定应有。二所说事,谓自功德及他恶名。三宣说之相,谓为求利养恭敬名称,读诵宣说大乘经典,而行两舌,谓我不顾利养恭敬,是大乘人,余则不尔。总说上人法自称赞者,须除下戒说上人法。此与前二戒,皆是自赞。四发起心,谓由贪著利养恭敬增上力故,嫉妒他得利养恭敬。经说由其嫉妒而说。寂天论师,引《菩萨地》他胜罪时,未引初罪,意谓同此他胜。故《菩萨地》义当如此戒而释。然就《菩萨地》文,则此戒中犹未能摄,似尚须引菩萨地文。又赞毁别分,及贪利养恭敬随一,皆成违犯,义同前说。又此赞毁为实为虚耶?答:经略标时,谓行两舌,后摄义时,谓由虚妄因缘成大重罪。《传释》云:"实无功德过失,说其德失。"新译论云:"赞者,谓以正非正德,而自称赞,邪妄称赞。"就前句文,似显真妄同犯。然依后句文,则前句义,为胜劣功德,后句义,显虚妄宣说。

第十二他胜,谓妄说上人法他胜。此中分二:一对说之境,谓能解义补特伽罗。二宣说之相,谓告彼云:此是我证,由悲愍故,为汝宣说。汝亦应当如是修习,现证此空与我无异。此谓实无如是证德,除嫉妒心,由余染污意乐说虚妄语,他解义时而成违犯。若苾刍身具菩萨律仪,则于同时犯二他胜。《入行论大疏》说:"若说惟由读诵能证深法,亦劝令他如是受持,是根本罪。"此与经相违。

第十三他胜，谓取三宝物他胜。此谓辅臣，依仗王势，苛罚沙门。既苛罚已，令诸沙门，盗取补特伽罗物，或僧伽物，或四方僧物，或塔庙物，税交彼等。彼等受已转呈于王，王臣俱犯根本重罪。其治罚沙门根本罪，摄于第三根本罪。取三宝物根本罪，摄于初罪。故今此罪，谓取一苾刍，或二或三补特伽罗所有财物是其差别，余如前说。

第十四他胜，谓立恶制等他胜。此中分二：初立恶制，一制所对境，谓诸如法正行苾刍。二安立何制？谓于彼等怀损恼心，安立恶制，令舍随顺止观作意，增长烦恼。二、不与取修定资财分四：一物主谓勤修断苾刍。又此物主，若是圣人或满僧数，则成第一根本重罪。故非圣人，并不满四。二财物，谓彼苾刍随一资财。三意乐，谓憎彼意乐，四加行者，谓不与取彼等财物，施读诵者。经说："彼二俱犯根本重罪。"言彼二者，谓刹帝利，及说修断者恶名之苾刍。有说其读诵者犯根本罪，与经相违。"言此诸者"，加于后八罪，经说此八为初发业者之罪。"大地狱者"，谓罪过患。"梦者"谓出罪方便。当观《集学论》，犯根本罪，岂非如云"应重受律仪"，由此悔除云何能出？答：由此悔除，虽如经说能免恶趣，然还戒时，则须重受律仪。《集学论》引《善巧方便经》说，犯根本罪犹可还净。如彼应知，此处不说。又有异门，谓此诸罪，共支分中、上品缠犯，若有所缺，则是他胜所摄中下缠犯，显彼由悔除便能还出，下当广说。

"弃舍菩提心者",谓舍愿心。《善巧方便经》说:"此是根本罪。"犯罪之身,要有菩萨律仪。故舍此心第一刹那犹有律仪,第二刹那律仪乃舍,非最初舍时便非菩萨。于生邪见亦如是知。故此二罪初生即犯根本重罪,不待共支上品缠犯。余须观待,下当广说。

"不忍悭贪故"等两句,显于求者不施财法。"若勤求"等三句,并翻译之差别,如前已说。"由惑及随他"一句,《庄严能仁密意论》中,引文译为"由惑由随他"。此说较善。《菩萨地》亦说:"于相似法、或自信解、或随他转。"故若加为"由惑,宣说相似法者",显由自内非理作意故。加为"由随他,宣说相似法者",是随他转故。

【科】庚二　他胜所作或过患

论曰:"如是名为菩萨四种他胜处法,菩萨于四他胜处法,随犯一种,况犯一切,不复堪能于现法中,增长摄受菩萨广大菩提资粮,不复堪能于现法中,意乐清净,是即名为相似菩萨,非真菩萨。"

【释】德光论师云:"言摄受者,谓令引发。言增长者,谓令增盛。"余论释为"更无势力能集大地相近资粮"。意乐清净者,一切释论皆谓得地,即得初地。总之,随犯一种他胜处罪,即于现生决定不能证入初地。即近初地广大资粮,先已有者不能增长,其先无者,不能引发。况数违犯,故不应思,犯他胜处,仍可重受菩萨律仪。当宁舍命,定不违犯根本重罪。如《入行论》云："如是强罪犯，与强菩提心，迭次而杂起，得地甚遥远。"言"四他胜"者，惟就此论所说。然《集学论》所说他胜，作业亦同。《虚空藏经》亦说过患，如云："已入大乘初发业者，误犯如是诸根本罪，摧坏夙植一切善根，为他所胜，退失人天及大乘乐，堕诸恶趣，于长夜中驰骋生死，离善知识。"

【科】庚三　三缠差别

论曰："菩萨若用软中品缠，毁犯四种他胜处法，不舍菩萨净戒律仪。上品缠犯，即名为舍。若诸菩萨，毁犯四种他胜处法，数数现行，都无惭愧，深生爱乐，见是功德，当知说名上品缠犯。"

【释】由何缠犯不名为舍？由何缠犯而名为舍？谓由软品及中品缠，毁犯四种他胜处法，不舍所受净戒律仪。若用上品缠犯即舍。他胜处者，如前所说，就意乐门摄之为四，就加行门开之为八。谓贪利养恭敬等，此八是喻《集学论》中所说诸罪，若不具足上品缠犯，理亦非犯他胜处法。以谤大乘，罪重于无间，及贪利敬自赞毁他，此论皆说，若不具足上品缠犯，非他胜故，余亦应尔。然生邪见，及舍菩提心，略生即犯，不须具足上品缠犯，如前已说。故《虚空藏经》所说诸罪，若未具足上品缠犯，应知亦是软中缠犯。以此论说他胜罪中，诸未能成他胜处者，则为下品中品缠故。又明上品缠时，论说毁犯四种他胜处法，数数现行，都无惭愧，深生爱乐，见为功德，当知说名上品缠犯。

此有四支。初支谓从"毁犯"乃至"现行"。言四种者，如

释论说，非须四种全犯，随犯一种。"数数现行"者，藏人有说为犯两次，有就加行正行结尾三事完足。然诸释论全无斯说，义亦非尔，故应弃舍。故谓现行一种犯他胜缘，后于彼缘仍欲现行，即是数数现行之义。如《新疏》云："猛利烦恼，谓诸缠犯后仍现行，不欲断绝，都不发生微少惭愧。"《传释》亦云："或此四种，或四随一，后后辗转仍欲现行。"云海论师及最胜子云："由无间断，现行此诸他胜处法，便能失坏一切惭愧，故云都无。"此显数数现行，是能失坏惭愧之因。义同前二。有释说为"不过一时"，下当广说。

第二支，谓"都无惭愧"。其惭愧者，如《菩萨地》云："菩萨将欲现行罪时，若能了知非我应作，羞耻名惭。又即于此恐他呵责，羞耻名愧。"此二所缘，谓自恶行，相为羞耻。其差别者，念此非是我所应作，以自为缘羞耻名惭。若恐他呵，以他为缘羞耻名愧。今此二法，况中上品，即下品者，都不生起。为于何事而不生耶？谓于毁犯他胜之恶行，犯他胜处说此二法要全不生。倘生少分惭愧随一，即非他胜。若尔，此二生与不生其时云何？谓生能犯他胜之恶行。有说是在一时之内，然不应理，下当广说。

第三支，谓"深生爱乐"。云海论师及最胜子云："由无惭愧令生爱乐。"此说若于何事不生惭愧，由此恶行令生爱乐，或即由其无惭无愧，令于彼事深生爱乐。如《传释》云"即由无惭无愧，能生爱乐。"谓于恶行，仅无惭愧犹非完足，更以此事令意爱乐。言爱乐者，云海论师及最胜子说："行彼恶行而不断除。"又诸支中，以前为基，而添后支。若后不全，仍不圆满上品缠犯所有支分。若谓无不断除即便断除，若能断除即生惭愧，则亦缺第二支。答：此不断者，非说深见过患而不断除，是如德光论师云："爱谓意乐至心欢喜，乐谓加行安住其事。"爱谓爱其恶行，乐谓乐其恶行方便，似与此论意趣随顺。若尔，则与数数现行，有重复失，谓于后行转生欲乐。答：无重复过，前为希欲，后是乐著，此二心所各别异故。

第四支谓"见为功德。"云海论师与最胜子释此义云："于彼恶行，不见过患。"

设作是念：若见过患，何能不生羞耻之心，何能于彼生爱乐耶？答云：无违，见过患是惭愧之因，非惭愧体故。又虽见过患，爱乐而转者，如具戒人行欲邪行。又《传释》中解爱乐义，亦同前说，惟换爱为乐。德光论师云："若即于此他胜处法，觉为功德，是名见为功德。"此非说于他胜处法，执为无过。如云欲尘，是意所欲，而不视为非非所欲品。故诸释论同一意趣。又《集经论释》说："数数现行，是乃至一时要无间断。"次诸先觉，多释此义谓："于一时中不生惭愧，不由惭愧令其间断。"若自赞等须同类无间太为过失。又一时者，如《邬波离问经》云："若诸菩萨上午犯罪乃至日中，安住不舍大菩提心，其戒无边。如是，日中犯罪以至下午，下午犯罪以至初夜，初夜犯罪以至中夜，中夜犯罪以至后夜，若未舍离大菩提心，其戒无边。"

义中亦有后夜犯罪以至上午。是昼三分，夜间三分，总一昼夜共为六分。初且非理，数数现行与都无惭愧，则成一义。论文别说二支，故成相违。又于此论未说之支更添一时，则《菩萨地》上品缠犯，支非圆满。又若他人随意可添，则更可加众多支分，成无穷过。后时间建立，亦非经义。即彼经云："邬波离！云何菩萨，正行大乘所有学处，容可还出，诸声闻乘所有学处，不可还出耶？邬波离！此中菩萨正行大乘，设若上午有所毁犯，至日中时，安住不舍一切智心，则诸菩萨正行大乘所有戒蕴，非为永尽。"设若以下，日中与下午，下午与初夜，初夜与中夜，中夜与后夜，如上说已。次云："邬波离！如是菩萨，正行大乘所有学处，容可还出。是故菩萨，不应于彼，深生恶作，深生忧悔。邬波离！若声闻乘人数数违犯，当知声闻乘人戒蕴失坏，最极失坏，悉皆永尽。所以者何？以声闻乘人，为欲断除诸烦恼故，如救头然。由是因缘声闻乘人，欲求涅槃增上意乐之学处，不可还出。"此说上午犯罪，是犯根本罪故。云何知是根本罪耶？是答大乘与声闻学处，可否还出。又彼经摄义云："由是菩萨学处，容可还净。"又云："声闻乘人违犯诸罪，不可还净。"亦可证知。以除根本罪，声闻亦说余罪可还净故，非是菩萨殊胜特法，若谓此不应理，犯根本罪，而云戒蕴非为永尽，成相违过，以戒尽是失坏义故。答云：无过。《集学论》引彼经文译为"戒蕴无边际"。义谓菩萨身中之戒，若犯根本罪不可重受，即为有边，惟尔便尽。由可重受，故为无边。又经纵说一时，然亦非理。如许一时者，谓于一时之内发生对治。经说："上午犯罪以至日中"，此二时分各别异故。又此论是说，有无惭愧，及观不观过患，经文则说，不离愿心故。若尔，云何《道炬论释》云："六时共为十八分，上午时中有三分。初二分中若犯罪，后分不忘菩提心，仍不失其为菩萨。后五应知亦如是。"答：此文前云："远离恶友具时分。"是显受菩萨戒修道弟子之相。言具时分者，谓六时中，于初二分有所违犯，于后分中，要能念菩提心而修还净。未能尔者，且是退失下根菩萨还出之轨。后文又云："上士初分能还净，中士还净于二分，后分还净为下士。"又非惟尔，更说六九五十四种，谓上上士于初刹那，上中于二，上下于三而能还净。然此是说还出之轨，非说他胜所待时分。

若犯根本罪，仍可还净之戒，为菩萨律仪耶？抑为菩萨身中别解脱戒耶？初者，则于还净，说须不离愿心，不应道理。虽舍本愿，后重发心受菩萨律，亦能生故。后者，大小乘经，多说毁犯别解脱戒他胜处罪，后虽重受，亦不能生如先之戒故。又加离不离愿心之简别，亦非理故。答：寂天菩萨引此经文证菩提心能净罪之力，谓此经义，显示虽犯根本重罪，若不舍愿心，律可还净。虽犯根本罪能障戒重生，然由未离菩提心之力，能遮彼障。故可证知是别解脱戒，以菩萨戒，虽舍愿心后还生故。又如前引《入行论》，于舍菩提心过患之时，说有力罪犯，与有力菩提心，间杂现行，离得大地极为遥远。言有力罪犯者，谓弃舍愿心。论云："此于诸菩萨，罪中最为重。"言彼与有力愿心间杂起者，

谓犯彼罪已，仍发有力愿心。若还发心，无不复生律仪之理故。《邬波离问经》云："云何名为声闻乘人别解脱律仪？云何名为独觉乘人别解脱律仪？云何名为菩萨正行大乘别解脱律仪？"是问菩萨别解脱律仪，非问菩萨律仪。故答大乘与小乘补特伽罗之别解脱云："当说菩萨学处容可还净，声闻学处不可还净。"前引经文即释此故。

何故不舍愿心，容可还净，已舍愿心，不可还净，有如是差别耶？答：若凡具足别解脱戒者，犯根本罪皆可还净则无差别。然实不尔，谓菩萨具足别解脱戒，若犯别解脱根本重罪，犯罪无间，能不舍离先所发心，乃可重受。虽是菩萨，若犯根本罪，加行究竟舍所发心，则不堪重受。倘堪重受，则小乘人亦应堪受，太为过失。

言上午者，谓从明相出，至日未午。言日中者，是显犯罪无间之界。若犯根本罪，而能不舍愿心，由此心力，虽犯根本罪，然彼犯罪障碍重生律仪之力，未能生起。若舍愿心，则无能遮犯罪力者，故不可还净。又于未犯根本罪前，先舍愿心亦不可还净。故于犯罪无间，须未舍愿心，即先已发未离未舍。故经密意说云："若能不舍。"非说尔时若不发心。《善巧方便经》云："善男子！若诸菩萨方便善巧，设由恶友增上力故，有违犯时，应如是学，作是思惟：若我此蕴永般涅槃，则令我心悉皆忧恼。为欲成熟一切有情，我当擐甲，尽未来际安住生死。不应我自逼恼其心，我应如如流转生死，如是如是成熟有情。此罪亦应如法还净,后不更犯。善男子!出家菩萨,纵犯一切四根本罪,由是思惟,以此方便善巧除遣,我说菩萨非为违犯。"故犯罪之身,要是菩萨。若先于余身犯根本罪,后为菩萨,亦不可重受别解脱戒。上二经文,皆说菩萨身中别解脱故。颇有误解此义,谓大乘宗之别解脱戒,虽犯他胜,后可重受,得戒同前。是妄执大乘宗与大乘人为一,成大错谬。

又《邬波离问经》,于大小乘别解脱之差别时,说三差别:一护不护随他心转,二可不可还净,三常时随转及有边际。有说后义,谓菩萨身之别解脱戒,死后不舍为常随转者。不应道理,以彼经说菩萨不应善根成熟,一生尽断一切烦恼,应渐断除。声闻则以善根成熟如救头然,不愿刹那更生三有,为常随转与有边际之义。故是于三有中受不受生。

旁论已了,今当说正义。设作是念:上品缠中其所无者,要都无惭愧,及不见过患之二。其应有者,须后欲现行,及深生爱乐之二。其所无二者,为应从何时至何时无,所有二者,亦应从何时至何时有耶?答:所无二者,谓从发趣乃至正行圆满,恒须不起。于此中间,若惭若愧,若见过患随一现行,上品缠犯即不圆满。如是应有之二,亦于彼时现起,乃至正行未满以来,意须不更厌舍其事。非须彼心同类现行,太过失故。

云何应知中下缠犯?答:云海论师、德光论师、最胜子论师、《律仪二十颂旧疏》等,皆未宣说,惟《传释》中说二宗义:"一自宗者,谓随顺趣向临入烦恼,初为暂生,次为生已心

趣烦恼，后为烦恼势力增上，以为软中上缠。二他宗者，谓就三毒软中上品，如《宝云经》"。此论全无前说之义，后说于此亦不契合。又《律仪二十颂新疏》："于四支上更加他谏而不弃舍，完具五支为上品缠。他谏即舍，为中品缠。不待他谏自能速舍，为下品缠。"亦不应理。若诸释论皆许添支，则支数量不决定故。若尔云何？答：无著论师，仅说三缠有其差别。又三缠犯，亦须认识。若不识者，则不了知何对三人，何对一人，悔罪差别故。又于余处亦未详说，故知是于上品缠中而能了解。其深生爱乐，后欲现行，与不见过患，显见后者烦恼粗重。虽有前者，然见过患，亦能生羞耻。若全不见过患，决定无生羞耻处故。又见过患，虽不决定生惭愧心，然不见过患，则惭愧心定不生故。以是上品缠犯支不具时，若见过患，虽余三支皆悉完备，应知仍是下品缠犯。若不见过患，当知即是中品缠犯。不见过患，定无惭愧，若有惭愧，定见过患。故此二支，不须别数。

菩萨戒品释 卷四

【科】庚四　可还净之殊异

论曰："非诸菩萨暂一现行他胜处法，便舍菩萨净戒律仪，如诸苾刍犯他胜法，即便弃舍别解脱戒。若诸菩萨由此毁犯，弃舍菩萨净戒律仪，于现法中堪任更受，非不堪任，如苾刍住别解脱戒，犯他胜法，于现法中不任更受。"

【释】言诸菩萨暂一现行他胜处法，非即弃舍菩萨律仪者，义为不同舍别解脱。前文自云："如诸苾刍犯他胜法，即便弃舍别解脱戒。"（藏文此段在非诸菩萨等之前，故云前文。）是说不同别解脱戒犯他胜法，舍已重受不能复生。有说犯一次他胜处法，犹不舍戒，要犯数次乃舍戒者，非此论义。故论又云："若诸菩萨由此毁犯弃舍净戒，于现法中堪任更受，非如苾刍犯他胜法，不堪更受。"

设作是念：犯别解脱他胜处法，若无覆心舍弃先戒，更重新受，岂非亦说是近圆耶？何故说彼无所重受。答：有部说彼若无覆心不成他胜，一切他胜皆须覆心，若如此说，则可直云无所重受。此中意趣，小乘之身如前已说。有说无覆亦名他胜，然亦不同菩萨律仪容可重受。以菩萨重受，能生清净律仪，小乘重受，不生清净苾刍律仪故。观待身境，可说为近圆与非近圆故。若尔，别解脱戒不可还净，菩萨律仪犯他胜法，仍可还净，其理云何？答：云海论师云："诸声闻人别解脱律仪，为一切善法所依处故，名根本律仪。若断此者，现行无惭无愧，由坏惭愧，故于现法不复堪任更受律仪。菩萨不尔，故于现法虽已弃舍菩萨律

卷四

仪,然于现法堪任更受,此未失坏惭愧心故。"此说犯别解脱他胜处法,能坏惭愧,毁犯菩萨律仪不坏惭愧,而为因相。又坏惭愧之理,谓别解脱,是一切善法所依处故。最胜子论师与《传释》中亦作是说。然于此说,若更问云:"犯别解脱他胜法者,受菩萨戒,为生不生?"实难酬答。自宗则如前引《邬波离问经》,于声闻乘人犯他胜法,彼之净戒永尽之理时,谓声闻乘人,为断一切诸烦恼故,如救头然。由是因缘,声闻学处不可还净。《善巧方便经》,亦说此蕴永般涅槃令心烦恼。当如是释。又别解脱通大小乘,故大小乘皆有别解脱戒,然制别解脱正为小乘补特伽罗。以小乘人于现法中任随能否得阿罗汉,皆于现法为尽诸漏,当擐誓甲精进断惑如救头然。故受戒时,为于现法永尽诸漏。设有覆心犯他胜法,彼于现法定不能得诸漏永尽,失坏受戒所有要义。菩萨毁犯菩萨律仪诸根本罪,犹非退失受戒要义。可否还净之理,当知亦尔。前引二经,可为证故。《毗奈耶经》广释中云:"为解脱故而受律仪,犯他胜者解脱甚远,故虽有戒,与无无异。"

【科】庚五　舍戒因缘

论曰:"略由二缘,舍诸菩萨净戒律仪:一者弃舍无上正等菩提大愿,二者现行上品缠犯他胜处法。若诸菩萨虽复转身遍十方界,在在生处,不舍菩萨净戒律仪,由是菩萨,不舍无上菩提大愿,亦不现行上品缠犯他胜处法。若诸菩萨转受余生,忘失本念,值遇善友,为欲觉悟菩萨戒念,虽数重受,而非新受,亦不新得。"

【释】略由二缘舍菩萨律仪,谓弃舍大菩提愿,及现行上品缠犯他胜处法。

若尔,《摄抉择分》云何说四?如云:"又舍因缘略有四种:一者决定发受心不同分心。二者于有识别人前,故说弃舍语言。三者总别毁犯四种他胜处法。四者上品缠总别毁犯四种他胜处法。"当知弃舍菩萨律仪。又后二缘如何分别?答:《菩萨地》中说二舍缘,《摄抉择分》数多于彼,然无所违。以前为本,后为释故。第一舍缘之发心者,谓发小乘心。此与先受戒时,为利有情欲求成佛受戒之心,决定不同。由发相违心,即舍彼愿心。第二舍缘者,谓对知义人前,说舍戒语,彼解其义。此与弃舍别解脱戒极不相同,若不能持舍别解脱,惟断随转律仪之福,舍戒自体不生大罪。此若弃舍菩萨律仪,则断为欲利益安乐无边有情所受律仪,当堕恶趣长夜流转。以若破坏一有情乐,尚感恶趣,何况毁坏一切有情安乐。如《入行论》云:"如是立誓已,若不修彼业,欺诸众生故,我当感何趣?虽少下劣物,若先思惠施,其人后不施,尚说感饿鬼,况先至心与,无上诸安乐,诳一切有情,岂能生善趣。"又云:"若他障菩萨,刹那所修福,即损有情利,感无边恶趣。坏一有情乐,尚使自衰损,况坏尽虚空,无边众生乐。"此等道理,弃舍愿心,与虽未舍愿心,然舍荷负菩提行担所有誓愿,过患相同。故一切种不应舍戒,初受戒时当善观察。不尔,过患极重。《集学论》引三经证成,如前已说。第

三舍缘虽说总别毁犯四罪，及第四舍缘说以上品缠总别毁犯四罪，然未具足上品缠者，他胜处聚所摄之罪，非真他胜，不成弃舍律仪之缘。若犯第四舍戒之缘，亦犯第三。故当说以上品缠别犯一种，及总犯多种，为后二缘。即从此文第二缘中，开为二故。言四种者，是举多种之一例。

若诸菩萨成就律仪，不舍愿心，不舍学处，亦未现行上品缠犯他胜处法，虽复转身上下同等一切生处。然不弃舍菩萨律仪。若经余生忘失本念，值遇善友，为觉念故，虽数重受，然非新受。诸释论说，上为天界，同等为人。下为恶趣，或由愿力，或为饶益有情，或由业力，而生其中。又最胜子及《传释》说："虽受余生，亦终不造不顺菩萨之业。"此是安住律仪之力。

【科】己二　恶作类分二

　　庚初　总标

论曰："如是菩萨，安住菩萨净戒律仪。于有违犯及无违犯，是染非染软中上品，应当了知。"

【释】具有无犯，有违犯中是染非染，于恶作时自当宣说，软中上者，后当广释。

【科】庚二　别释分二

　　辛初　违犯摄善法

　　辛二　违犯饶益有情

　　初又分六

　　　壬初　违犯布施

壬二　持戒

壬三　忍辱

壬四　精进

壬五　静虑

壬六　般若

初又分五

癸初　正障财施

论曰："若诸菩萨，安住菩萨净戒律仪，于日日中，若于如来，或为如来造制多所，若于正法，或为正法造经卷所，谓诸菩萨素怛缆藏，摩怛理迦，若于僧伽，谓十方界已入大地诸菩萨众，若不以其或少或多诸供养具而为供养，下至以身一拜礼敬，下至以语一四句颂赞佛法僧真实功德，下至以心一清净信随念三宝真实功德，空度日夜，是名有犯，有所违越。若不恭敬，懒惰懈怠而违犯者，是染违犯。若误失念而违犯者，非染违犯。无违犯者，谓心狂乱。若已证入净意乐地，常无违犯。由得清净意乐菩萨，譬如已得证净苾刍，恒时法尔于佛法僧，以胜供具承事供养。"颂曰："不三供三宝"。

【释】受归依者，尤以发大菩提心者，于日日中供事三宝不应间缺。若不供事，即成违犯。此中分三：初、供事境中，佛谓如来，或如来塔。法谓正法，或法经卷，此谓菩萨素怛缆藏或此本母。僧谓十方已入大地诸菩萨众。言如来者，谓真佛陀，塔谓形像，正法谓灭道证法，经卷谓经论教法。菩萨藏者，谓大乘

卷四

法。释僧义云：入大地者，谓圣菩萨。言或如来者，显佛与塔随一即可。言或法者，显教证随一。言"若于如来"、"若于正法"、"若于僧伽"者，显于三宝随一之境而行供养，为供养中最少边际，能遮犯罪。二供养事者，谓于彼境所行供养大小皆可。下至以身一拜礼敬，下至以语一四句颂赞三宝功德，下至以意发一净信，随念三宝真实功德。此三句中，无"或"字，义如三境文，故于三宝随一之所，当俱修三事。《新疏》中云："当随所有花等供养，下至以身一拜礼敬。"《传释》中云："或昼或夜，若不能修诸余善行及供养等，其最少者，以身礼拜。"故供花等亦能遮犯罪。三、时间者，谓未修行如是供养越一昼夜，即能生罪，故名有犯。违菩萨法，名有违越。言"若已证入净意乐地常无违犯，譬如已得净信苾刍，恒时法尔于佛法僧以胜供具承事供养"者，非说已得清净意乐极欢喜地，虽不供养亦无违犯。是说已得入彼地者，恒不弃舍供养三宝，故定不犯此恶作罪。（藏文无"若心狂乱"句）。又此罪中，若于学处，以不恭敬心，及不信解之懒惰，乐为恶行之懈怠，而违犯者，名染违犯。由忘念犯，名非染犯。《新疏》中云："贪瞋及慢等，此说名染犯，懈怠忘念等，除供余非染。"卓珑巴说："瞋等罪重说名为染，懈怠等心犯罪略轻，于下劣者，设以遮辞，故恶作中说名非染。然此中说懒惰懈怠，亦名染者，以违决定应行重大事故。"《新疏》说此恶作，坏前所说摄善法中广大供养。

【科】癸二　坏悭吝对治

论曰:"若诸菩萨,安住菩萨净戒律仪,有其大欲而无喜足,于诸利养及以恭敬,生著不舍,是名有犯。有所违越,是染违犯。无违犯者,谓为断彼生起乐欲,发勤精进摄彼对治,虽勤遮遏,而为猛利性惑所蔽,数起现行。"颂曰:"随逐欲心转。"

【释】谓生大欲及无喜足,并贪利敬,或三或四随一而转,忍受不舍,是染违犯。此中无有非染违犯。若为断除彼心,生起欲乐,发勤精进摄彼对治,虽勤遮遏,而为猛利性惑所蔽,数数现行,无违戒罪,非全无罪。《新疏》说此坏律仪戒中,少欲喜足不贪利敬。

【科】癸三 违犯无畏施分二

　　子初 属于殊胜境

论曰:"若诸菩萨,安住菩萨净戒律仪,见诸耆长有德可敬同法者来,骄慢所制,怀嫌恨心,怀恚恼心,不起承迎,不推胜座。"颂曰:"不敬诸耆德"。

【释】若诸菩萨见有同法,依戒腊门较自耆长,成就可信真实功德,由此二缘可令恭敬与言论等,不起承迎,不推胜座,犯恶作罪。

【科】子二 属于总境

论曰:"若有他来语言谈论庆慰请问,骄慢所制,怀嫌恨心,怀恚恼心,不称正理发言酬对,是名有犯,有所违越,是染违犯。非骄慢制,无嫌恨心,无恚恼心,但由懒惰懈怠忘念无记之心,是名有犯,有所违越,非染违犯。无违犯者,谓遭重病,

或心狂乱，或自睡眠，他生觉想而来亲附，语言谈论庆慰请问，或自为他宣说诸法论义决择，或复与余谈论庆慰，或他说法论义决择，属耳而听，或有违犯说正法者，为欲将护说法者心，或欲方便调彼伏彼，出不善处安立善处，或护僧制，或为将护多有情心，而不酬对，皆无违犯。"颂曰："不正答他问"。

【释】谓有他来令欢喜故与自语言，及问病等，谈论庆慰。请问，谓问余义。若不如理发言酬对，犯恶作罪。言如理者，有论释谓"不以求利养等酬答"。《新疏》释谓"随顺酬答"。此说为善。于前二境未作彼事，无违犯中，就自身无犯者，谓有二事：一遭重疾病。二自实睡眠，他以觉悟之想，来语言等，虽不酬对，而无违犯。就时间无犯者，谓有三种：一自为他人宣说正法，或与他人论议决择。二除彼二境正与其余补特伽罗语言等时。三听闻余师为己说法，或正属耳听闻他人论议之时。就所为无犯者，谓有五种：一由起迎等障他闻法，护他不喜。二恐说法师心生不喜，为护其心。三以不起等方便调彼，出不善处安立善处。四为护僧制，不许礼拜及言语等。五若起恭敬及语言等，令多众生于自嫌恨，为护其心。

除彼诸缘，有违犯中染违犯者，谓骄慢所制，及欲损彼，怀嫌恨心，自心愤发，怀恚恼心，不起迎等。非染违犯，谓以懒惰、懈怠、无记、忘念之所发起。《新疏》说此二恶作罪，失坏饶益有情戒中将护他心。

【科】癸四　不为他作布施之缘分二

子初　不受他请

论曰："若诸菩萨，安住菩萨净戒律仪，他来延请，或往居家，或往余寺，奉施饮食及衣服等诸资生具，骄慢所制，怀嫌恨心，怀恚恼心，不至其所，不受所请，是名有犯，有所违越，是染违犯。若由懒惰懈怠忘念无记之心，不至其所，不受所请，是名有犯，有所违越，非染违犯。无违犯者，或有疾病，或无气力，或心狂乱，或处悬远，或道有怖，或欲方便调彼伏彼，出不善处安立善处，或余先请，或为无间修诸善法，欲护善品令无暂废，或为引摄未曾有义，或为所闻法义无退，如为所闻法义无退，论议决择当知亦尔，或复知彼，怀损恼心诈来延请，或为护他多嫌恨心，或护僧制，不至其所，不受所请，皆无违犯。"颂曰："不受他所请"。

【释】谓他延请或往出家各人宅舍，或往僧寺，或往居家，奉施饮食及衣服等，若由骄慢嫌恨恚恼，不受所请，不往其所，是染违犯。若由懒惰懈怠增上，不往其所，非染违犯。虽不往赴无违犯中，就身有二：一病无气力。二先受余请。就道有二：一处悬远不易往赴。二道有怖，谓有怨敌毒蛇损害。就施主者，谓怀损恼心诈来延请。就所为有六：一以不往赴为欲调彼，如前所说。二因精勤恒修善品，为护其障。三恐失听闻先未闻义。四如是恐失先所未闻论议决择。五为欲将护多有情心。六为护僧制，覆钵羯磨等。

【科】子二　不受资具

论曰："若诸菩萨,安住菩萨净戒律仪,他持种种生色可染末尼珍珠琉璃等宝,及持种种众多上妙财利供具,殷勤奉施,由嫌恨心,或恚恼心,违拒不受,是名有犯,有所违越,是染违犯,舍有情故。若由懒惰懈怠忘念无记之心,违拒不受,是名有犯,有所违越,非染违犯。无违犯者,或心狂乱,或观受已心生染著,或观后时彼定追悔,或复知彼于施迷乱,或知施主随舍随受,由是因缘定当贫匮,或知此物是僧伽物、窣堵波物,或知此物劫盗他得,或知此物,由是因缘多生过患,或杀、或缚、或罚、或黜、或嫌、或责,违拒不受,皆无违犯。"颂曰:"拒不受金等"。

【释】谓他施主持来种种金银珍珠琉璃等宝,殷勤奉施,以嫌恨心及恚恼心,违拒不受,舍有情故,是染违犯。若以懒惰懈怠不受,非染违犯。以下诸罪无例外者,言二心时,应当了知即此二心。虽不受取无违犯中,就自者,谓观受他物已心生染著。就施主有三:一恐施后追悔。二知彼于施迷乱。三知施主惠施一切定当匮乏。就物有二:一知是回施僧伽或塔。二知是非理劫盗他得,由此当生众多过患,或杀、或缚、或罚、或黜、或剜眼等损害。最胜子说此是受者过患。《传释》说是观彼劫者生此过患,拒而不受。《新疏》说此二恶作罪,失坏饶益有情戒中助他福业。

【科】癸五 违越法施

论曰:"若诸菩萨,安住菩萨净戒律仪,他来求法,怀嫌恨心，怀恚恼心，嫉妒变异，不施其法，是名有犯，有所违越，是染违犯。若由懒惰懈怠忘念无记之心，不施其法，是名有犯，有所违越，非染违犯。无违犯者，谓诸外道伺求过短，或有重病，或心狂乱，或欲方便调彼伏彼，出不善处安立善处，或于是法未善通利，或复见彼不生恭敬，无有羞愧，以恶威仪而来听受，或复知彼是钝根性，于广法教，得法究竟，深生怖畏，当生邪见，增长邪执，衰损恼坏，或复知彼法至其手，转布非人，而不施与，皆无违犯。"颂曰："不施于求法"。

【释】谓于他求法者，若以二心，或自性嫉妒增上力故不施法者，是染违犯，由余二心非染违犯。又虽不施无违犯中，就自身有二：一遭重疾病，二不知其法。就所为者，谓以不施法方便调彼，如前已说。就所化有四：一非法器，谓诸外道伺求过短。二心不恭敬，语无诚言，身恶威仪，而来请受。三是钝根性，根未成熟，闻广法教，觉难受持，深生恐怖，不能信解，反生邪见，虽善晓喻亦不忍受，增长邪执。由此因缘生多非福，故名衰损。又由彼缘当堕恶趣，故名恼坏。四知法至彼手转布其余非器之人。又初伺求过短仅是一例。第二不敬等，一事便足。第三亦非须全具。

如是第二恶作，是作不应作。余六恶作，是应作不作。又如第二恶作，以时、以处及恶友等增上力故，犯缘现前，尤应多起防护之心，于一切中皆当了知。《新疏》说此恶作，失坏摄善法及饶益有情之布施。

【科】壬二　违犯持戒分三

　　癸初　重于违他

　　癸二　重于违自

　　癸三　自他俱违

初又分二

　　子初　正明重违他

　　子二　显于性罪学习之差别

初又分三

　　丑初　弃舍增上可怜愍境

论曰："若诸菩萨安住菩萨净戒律仪，于诸暴恶犯戒有情，怀嫌恨心，怀恚恼心，由彼暴恶犯戒为缘，方便弃舍，不作饶益，是名有犯，有所违越，是染违犯。若由懒惰懈怠弃舍，由忘念故，不作饶益，是名有犯，有所违越，非染违犯。何以故？非诸菩萨，于净持戒身语意业寂静现行诸有情所，起怜愍心欲作饶益，如于暴恶犯戒有情，于诸苦因而现转者。无违犯者，谓心狂乱，或欲方便调彼伏彼，广说如前。或为将护多有情心，或护僧制，方便弃舍，不作饶益，皆无违犯。"颂曰："弃舍犯戒者"。

【释】谓诸暴恶犯戒有情，以彼二缘，由二种心方便弃舍不作饶益，是染违犯。由余二心方便弃舍，由忘念故不作饶益，非染违犯。何以故？谓诸菩萨，如于暴恶犯戒住苦因者，起怜愍心欲作饶益，非于具戒三业寂静现行有情。言暴恶者，谓造无间罪等。言犯戒者，谓犯根本罪。《传释》说为瞋恚重者，缓学处者，虽轻弃舍无所犯中，就所为有三：一方便调彼，二为护多有情心，三为护僧制。

【科】丑二　不学共制

论曰："若诸菩萨，安住菩萨净戒律仪，如薄伽梵于别解脱毗奈耶中，将护他故，建立遮罪，制诸声闻令不造作，诸有情类，未净信者，令生净信，已净信者，令信增长，于中菩萨与诸声闻，应等修学无有差别。何以故？以诸声闻自利为胜，尚不弃舍将护他行，为令有情未信者信，信者增长，学所学处，何况菩萨利他为胜。"颂曰："不学令他信"。

【释】谓薄伽梵，于根本别解脱经及广释毗奈耶中，除性罪外，为护他心，建立遮罪制诸学处。菩萨应与声闻共学，应无差别。如诸声闻所断除者，如是菩萨亦应断除。护他心者，谓为令在家等，先未信者，发生净信，已净信者，令倍增长，制不饮酒，断非时食，及掘地、触火等，应如声闻于此修学。若不学者，非但违犯别解脱戒，亦违菩萨律仪，犯恶作罪。其中理由，谓诸声闻自利为胜，尚须修学将护他心，况诸菩萨利他为胜。《新疏》中说，若于此戒不信、不敬、不修学者，是染违犯。由懒惰等不修学者，非染违犯。又此恶作，是否在家出家一切菩萨皆犯？答：如《新疏》说，是说出家菩萨。然在家菩萨，亦有众多单遮，同别解脱。

【科】丑三　学不共制

论曰："若诸菩萨，安住菩萨净戒律仪，如薄伽梵于别解脱

毗奈耶中，为令声闻少事少业少希望住，建立遮罪，制诸声闻，令不造作，于中菩萨与诸声闻，不应等学。何以故？以诸声闻自利为胜，不顾利他，于利他中少事少业少希望住，可名为妙。非诸菩萨利他为胜，不顾自利，于利他中少事少业少希望住，得名为妙。如是菩萨为利他故，从非亲里长者、居士、婆罗门等，及恣施家，应求百千种种衣服，观彼有情有力无力，随其所施如应而受。如说求衣，求钵亦尔。如求衣钵，如是自求种种丝缕，令非亲里为织作衣。为利他故，应畜种种骄世耶衣，诸坐卧具，事各至百，生色可染，百千俱胝，复过是数，亦应取积。如是等中少事少业少希望住，制止遮罪，菩萨不与声闻共学。安住净戒律仪菩萨，于利他中，怀嫌恨心，怀恚恼心，少事少业少希望住，是名有犯，有所违越，是染违犯。若由懒惰懈怠忘念无记之心，少事少业少希望住，是名有犯，有所违越，非染违犯。"颂曰："于利他少事"。

【释】谓如大师，为令声闻少事少业少希望住，制诸遮罪，十日持衣，月蓄衣等，此不应与声闻共学。若共学者，犯恶作罪。又由二心行少事等，名染违犯，由余二心非染违犯。此中理由，谓诸声闻自利为胜，修自调伏，不顾利他，故于利他少事住等，可名为妙，非诸菩萨利他为胜，于一切种惟为利乐一切有情，于利他中少事业等，得名为妙。其少事，谓少欲。少业，谓不执持众多资具。少希望住，是住圣种，谓于少许粗恶衣食卧具，便能知足，乐勤修断，名四圣种。如是菩萨为利他故，从非亲里长者、居士、婆罗门等，应求百千种种衣服。若得恣施，先当观彼有情有力无力，若无力者，如应而取。《传释》说为"观忍不忍"，义谓取已施主贫不贫匮，及为他人讥不饥嫌。然不应理。此文是显过量而受，无违犯故。如说求衣，求钵亦尔。又如求衣，自求缕线，令非亲里为织作衣，亦无违犯。若如此文，则于非亲里给价令织，似有违医院。毗奈耶中，以不给价犯此罪故。又为利他，应畜百千骄世耶衣，诸坐卧具，应畜金银百千俱胝，复过是数。最胜子谓"骄世耶卧具及有内絮诸坐卧具"。由为利他开骄世耶卧具，故丝线，黑毛，二分黑毛，亦皆开许。坐卧具者，是开六年卧具舍堕。于如是等少事少业少希望住，所有遮罪，不应与诸声闻共学。

上二遮罪及下性罪，是明苾刍等出家菩萨，学别解脱极大教授，谓别解脱性罪遮罪二类。于性罪学习之规，如下当说。单遮又分二类：一为护他心制者，如《新疏》云："菩萨尤应学护他心，诸出家者，决定当护自受学处。"此说护心过于声闻。二为少事等制者，若为利他，则应违越，不与声闻共学。以此三种，能摄一切别解脱故。

有未了知如是差别，妄云我是菩萨，或密咒师，虽违越别解脱中诸共戒，由上戒能净，放逸而转。若彼具有上二律仪，更多违菩萨戒，如此论说，亦违密咒律仪，犯一粗罪。如云："无义而故违，下二律仪制，犯窣吐罗罪。"全不防护二种律仪，自许为大乘人，岂有所凭？故是自以恶分别水，污佛圣教。诸自爱

者,远弃如毒。《旧疏》云:"言诸苾刍,从非亲长者,或长者妇,乞求衣者犯舍堕罪。当知此诸学处,住二种律仪者,开为利他,遮为自利。"上开诸罪若非利他,仍犯毗奈耶所说诸罪。《新疏》说此三恶作罪,如其次第坏律仪戒、摄善法戒、饶益有情戒。

【科】子二　显于性罪学习之差别

论曰:"若诸菩萨,安住菩萨净戒律仪,善权方便,为利他故,于诸性罪,少分现行,由是因缘,于菩萨戒无所违犯,生多功德。"颂曰:"悲愍无不善"。

【释】今此本论,及《律仪二十颂旧疏》,《戒品》二种释论,除说开杀生等身语七支外,未说"为利他故若不现行,犯恶作罪"。《新疏》说四十六恶作,亦数此为一恶作罪。又彼疏说,从"不学令他信"戒中开出。然最胜子及《传释》说,此显于诸性罪,菩萨与声闻所有差别。谓于别解脱性罪,若诸菩萨善权方便少分现行,无所违犯,生多功德。此复云何?谓杀生等身语七支。所依身者,此论于欲邪行戒,说"出家菩萨为护声闻圣所教诫令不坏灭,一切不应行非梵行"。遮出家众,立为在家之身。其不与取等余六学处,总说菩萨。若尔,开杀生等他胜处之菩萨,为出家耶?抑在家耶?若是出家,欲邪行与杀人,可不可开应无差别,以此二戒,俱犯他胜罪故。若是居家,则违此论,于欲邪行分其差别,于诸余罪,未分别故。又《集学论》云:"若见有情增上义利,应舍学处。贪岂能障,多劫修习大悲为性,善权方便圆满一切善根菩萨，定不能障。如《善巧方便经》说，星宿婆罗门童子，曾于四万二千岁，修净梵行，行七步已起大悲心，念我若因犯禁戒故堕那落迦，我宁忍受那落迦苦，当令此女安乐存活。时星宿婆罗门童子还至其所，右手执女，告云：'姊起，当随汝欲。'"岂不相违？答曰：无过。犯不与取他胜罪中，须为自利而取，菩萨开许彼时，惟为利他而开，故非开许不与取他胜处。故出家菩萨，亦不应行杀生与妄语他胜，如非梵行。

若尔，何故惟于非梵行，分别在家出家差别耶？答云：无过。以虽违犯杀生、不与取、妄语业道，然不定犯他胜处罪。若制后苾刍，犯非梵行业道，则亦定犯根本重罪，依此密意说其差别，与《集学论》亦不相违。总修梵行即最胜之利他，舍此更无增上利他。设见别有增上有情义利，须犯别解脱根本罪时，当舍学处而作。故亦是许在家菩萨，非许出家。若许出家，无须先舍学处之义。

又为利他，而作杀生等业之身，旧译《集学论》说："意谓未得大地，勤修六度行者，非许余人。"《新疏》说为"已入大地"。有说，若已得大地，则又云修六度行，其言无义。故旧译为善，似为应理。然如前《集学论》引经所说，非未得地前略行六度便以为足，必须多劫修道，善巧方便成就大悲之菩萨众。此谓正受菩萨戒已，如理修学菩萨学处，具菩提心爱他过己，除杀生等更无救他方便。菩萨于此为利他故，乃可开许，非开一切大乘之人。若仅能学菩萨律仪尚不开许，况诸自许大乘不护律仪，

纵有相似悲心及菩提心，定不应作。譬如别解脱中，若病苾刍，不非时食，于病有损，食则有益者，虽可开许，然余一切苾刍，皆应守护。又《集学论》文，虽是说不净行，然杀生等余根本罪，皆应同尔。又妄语等四及不与取，如下所说，于彼有情见有大利，无余方便可得之时，如理善护菩萨律仪，具足尔时所说发起，当审观察有犯无犯。以此惟是诸佛境界，最极微细，损益重故。云海论师及最胜子，并《传释》中，杀生时说，此是无染，获得自在，清净意乐，菩萨所行，非少善根，智慧驽钝，贪著自利，于素怛缆如言取义者之所行境。惟是诸佛现量证知，非余所作，作而反招非福果故。

【科】丑一 开杀生

论曰："谓如菩萨，见劫盗贼，为贪财故，欲杀多生，或复欲害大德声闻、独觉、菩萨，或复欲造多无间业，见是事已，发心思惟：我若断彼恶众生命，堕那落迦；如其不断，无间业成，当受大苦。我宁杀彼，堕那落迦，终不令其受无间苦。如是菩萨，意乐思惟，于彼众生，或以善心，或无记心，知此事已，为当来故，深生惭愧，以怜愍心而断彼命，由是因缘，于菩萨戒无所违犯，生多功德。"

【释】境者，谓劫贼等，为少财故，欲害众多声闻、独觉、菩萨，作无间业。意乐者，见是事已，发心思惟，我宁杀彼，堕那落迦，终不令彼有情无间业成，堕那落迦。为当来故起怜愍心，能换自他。于正杀时，自心或善或无记心，当知全无烦恼间杂。有说是彼所杀之心者，非是论义。言深生惭愧者，谓法匮乏，除彼无余方便可得。由是因缘，虽断彼命，而无违犯，生多功德。

【科】丑二　开不与取

论曰："又如菩萨，见有增上增上宰官，上品暴恶，于诸有情，无有慈愍，专行逼恼。菩萨见已，起怜愍心，发生利益安乐意乐，随力所能，若废若黜增上等位，由是因缘，于菩萨戒无所违犯，生多功德。又如菩萨，见劫盗贼，夺他财物，若僧伽物，窣堵波物，取多物已，执为己有，纵情受用。菩萨见已，起怜愍心，于彼有情，发生利益安乐意，随力所能，逼而夺取，勿令受用如是财故，当受长夜无义无利，由此因缘，所夺财宝，若僧伽物还复僧伽，窣堵波物还窣堵波，若有情物还复有情。又见众主，或园林主，取僧伽物，窣堵波物，言是己有，纵情受用。菩萨见已，思择彼恶，起怜愍心，勿令因此邪受用业，当受长夜无义无利。随力所能，废其所主。菩萨如是，虽不与取，而无违犯，生多功德。"

【释】境分三：初者、谓诸王臣上品暴恶，于诸有情无有悲愍专行逼恼。若令久住其位，多生非福。意乐者，谓怜愍心或利益心，废夺王位。第二者、谓劫盗贼夺他财物，若僧伽物，若塔庙物，取多物已执为己有，纵情受用。意乐者，勿令受用如是财故，当受长夜无义无利。由是夺已还复僧伽及窣堵波。第三者，谓见执事人或守园人，取僧伽物，或塔庙物，纵情受用，非理耗

卷四

失。意乐者，如上所说，废其所主。菩萨如是虽不与取，而无违犯，生多功德。

【科】丑三　开欲邪行

论曰："又如菩萨，处在居家，见有母邑，现无系属，习淫欲法，继心菩萨，求非梵行。菩萨见已，作意思惟，勿令心恚，多生非福。若随其欲，便得自在，方便安处，令种善根，亦当令其舍不善业。住慈愍心，行非梵行。虽习如是秽染之法，而无所犯，生多功德。出家菩萨，为护声闻圣所教诫，令不坏灭，一切不应行非梵行。"

【释】境者，谓见有母邑，现无系属，继心菩萨，求非梵行。假使菩萨不随所欲，当致命终。诸释论说"无系属语显非邪行"。然不应理，此是开许欲邪行故。《集学论》云："或有系属，或族姓护、法护、幢护，皆不犯欲邪行。"此说于有夫无夫，皆不犯欲邪行故。又《集学论》云："诸梵行者，为利他故，于彼应作母姊之想，远离邪行。"此说是在家身所行，不顺苾刍，设见殊胜义利，应舍学处，故义同《菩萨地》。《新疏》云："淫欲行者，是有罪犯，无间能令堕那落迦，令多所化不信圣教，诸世间人多住此行。由见此故，大士不应习近淫欲。其杀人等，亦不应行。"意乐者，谓勿令此心生嫌恨，多生非福，若随其欲，便得自在，方便安处令种善根，亦当令其舍不善业，住悲愍心行非梵行，无所违犯，生多功德。

【科】丑四　开妄语

论曰:"又如菩萨,为多有情解脱命难囹圄缚难,刖手足难,劓鼻,刵耳,剜眼等难,虽诸菩萨为自命难,亦不正知说于妄语,然为救脱彼有情故,知而思择故说妄语。以要言之,菩萨惟观有情义利,非无义利,自无染心,惟为饶益诸有情故,覆想正知,而说异语。说是语时,于菩萨戒无所违犯,生多功德。"

【释】境者,谓多有情具足命难,刖手足难,劓鼻刵,剜眼等难。意乐者,谓为救脱此诸患难。身者,谓此菩萨若为自利,虽至命难,亦不正知故说妄语。然为利他,知而思择,故说妄语。总谓惟观有情义利,非无义利,自无染心纯利他心,覆想正知而说妄语,无所违犯,生多功德。

【科】丑五　开离间语

论曰:"又如菩萨,见诸有情,为恶朋友之所摄受,亲爱不舍。菩萨见已,起怜愍心,发生利益安乐意乐,随能随力,说离间语,令离恶友,舍相亲爱,勿令有情,由近恶友,当受长夜无义无利。菩萨如是以饶益心,说离间语,乖离他爱,无所违犯,生多功德。"

【释】境者,谓见有情为恶朋友之所摄受。意乐者,谓勿令有情由近恶友,当受长夜无义无利,故说离间语,令离恶友。如是离间,无所违犯,生多功德。

【科】丑六　开粗恶语

论曰:"又如菩萨,见诸有情,为行越路非理而行,出粗恶语,猛利诃摈,方便令其出不善处安立善处。菩萨如是以饶益

卷四

117

心，于诸有情，出粗恶语，无所违犯，生多功德。"

【释】境者，谓诸有情行越正路，非理而行。意乐者，谓由出粗恶语方便，能令出不善处安立善处。由是因缘，出粗恶语，无所违犯，生多功德。《传释》说："行十不善，或虽善知大乘道而行小乘道，及知小乘而行外道，名越路行。虽知正理而于学处不敬缓漫，名非理行。"

【科】五七　开绮语

论曰："又如菩萨，见诸有情，信乐倡伎吟咏歌讽，或有信乐王贼饮食淫荡街衢无义之论。菩萨于中皆悉善巧，于彼有情起怜愍心，发生利益安乐意乐，现前为作绮语相应，种种倡伎吟咏歌讽，王贼饮食淫衢等论，令彼有情欢喜引摄，自在随属，方便奖导，出不善处安立善处。菩萨如是现行绮语，无所违犯，生多功德。"

【释】境者，谓诸有情信乐歌、舞、伎乐、王贼、饮食、淫荡街衢等论。身及意乐者，谓于歌舞等皆得善巧，以悲愍心，为作种种歌舞等事，令其欢喜，方便引摄，自在随转，出不善处安立善处。由是因缘，虽说绮语，无所违犯，生多功德。

又此论与《大日经》除开身语七支外，未开意三。善现论师云："若于自利无少顾恋，纯行利他，普于一切大悲遍转者，除意恶行或除邪见，余皆开许。然应观阅决择菩萨律仪之经论。"说须以教而为凭据。觉贤论师云："若违别解脱性罪，尚无违犯，能生多福，况诸遮罪。故见最大利有情时，违诸共学遮罪亦无违犯，例前可知。"

【科】癸二　重于违自分三

子初　失坏净命

论曰："若诸菩萨，安住菩萨净戒律仪。生起诡诈，虚谈、现相、方便研求、假利求利，味邪命法无有羞耻，坚持不舍，是名有犯，有所违越，是染违犯。无违犯者，若为除遣生起乐欲，发勤精进，烦恼炽盛，蔽抑其心，时时现起。"颂曰："忍受诸邪命"。

【释】谓随生起诡诈等事五种邪命，无有羞耻，忍受不舍，是染违犯。无非染犯。若为除彼，生起欲乐，烦恼炽盛则无违犯，如随欲心转时所说。

五邪命相，如《宝鬘论》云："诡诈为利敬，密护诸根门。虚谈为利敬，现前说软语。巧求为利敬，称赞他财物。研逼为利敬，现前毁呰他。以利求利者，称赞先所得。"诸释论云："起邪命心，自不了知，犯恶作罪。"与本论不符。

【科】子二　失坏轨则

论曰："若诸菩萨，安住菩萨净戒律仪，为掉所动，心不寂静，不乐寂静，高声嬉戏，喧哗纷聒，轻躁腾跃，望他欢笑。如此诸缘，是名有犯，有所违越，是染违犯。若忘念起，非染违犯。无违犯者，若为除遣生起乐欲，广说如前。若欲方便解他所生嫌恨令息，若欲遣他所生愁恼，若他性好如上诸事，方便摄受，敬慎将护，随彼而转，若他有情，猜阻菩萨内怀嫌恨恶谋憎

背,外现欢颜表内清净,如是一切,皆无违犯。"颂曰:"掉举轻躁等"。

【释】谓由贪分摄不寂静为相之掉举动心,令不寂静,不乐寂静,高声嬉戏,喧哗纷耘,轻躁腾跃,令他欢笑,是染违犯。若由忘念起如上事,非染违犯。虽高声等无违犯中,就自身者,谓为除彼,生起欲乐,如前应知。就所为有五:一以此方便除他所生嫌恨之心。二为除他所生忧恼。三若他性好嬉笑等事,为摄受他安立善处。四若为将护亲友之意随彼而转。五若他猜阻自有嫌恨恶谋憎背,而自于外现欢笑颜,表示内心清净无恨。

【科】子三　味著三有

论曰:"若诸菩萨,安住菩萨净戒律仪,起如是见,立如是论:菩萨不应忻乐涅槃,应于涅槃而生厌背,于诸烦恼及随烦恼,不应怖畏而求断灭,不应一向心生厌离,以诸菩萨三无数劫,流转生死求大菩提。若作此说,是名有犯,有所违越,是染违犯。何以故?如诸声闻,于其涅槃忻乐亲近,于诸烦恼及随烦恼深心厌离,如是菩萨,于大涅槃忻乐亲近,于诸烦恼及随烦恼,深心厌离,其倍过彼百千俱胝。以诸声闻,惟为一身证得义利,勤修正行,菩萨普为一切有情证得义利,勤修正行。是故菩萨当勤修集无杂染心,于有漏事,随顺而行,成就胜出诸阿罗汉无杂染法。"颂曰:"思一向流转"。

【释】谓见多经说诸菩萨爱乐生死,非乐涅槃。由误解彼经故,起如是见,立如是论:菩萨不应忻乐涅槃,应生厌背,于诸烦恼及随烦恼，不应怖畏，深心厌离，以诸菩萨三无数劫，流转生死求大菩提，是染违犯。起如是见何故成犯？如诸声闻忻乐涅槃，厌患烦恼，如是菩萨应当过彼百千俱胝。以诸声闻惟为一身解脱生死，尚应如是勤修正行。何况菩萨，普为一切有情解脱生死，勤修正行。是故菩萨应当勤修无杂染心，以自未能解脱烦恼，则定不能解脱他故。如《庄严经论》云："顶戴众生极重担，菩萨缓行非端严，种种系缚缚自他，应勤修行百千倍。"如是菩萨虽非罗汉，然能成就无杂染法胜出罗汉，善权方便于有漏事随顺而行。《传释》云："声闻钝根，尚能了知生死过患，深生厌离，何况菩萨是利根性具无量慧。"故诸经说，不应忻乐涅槃，应乐生死者，是遮一向背弃生死断灭涅槃，及赞不被惑业所染，受生三有，非不厌离诸烦恼业及烦恼业所感生死，非遮忻乐灭除惑业所得涅槃。觉贤论师说，上三恶作，如其次第，失坏律仪戒中净命具足，及不掉举，常乐远离。又说沽酒，及卖刀杖、毒药，贩卖有情，压紫草子、胡麻、菜子等，尚为邪命恶作，况耕田等。

【科】癸三　自他俱违分二

子初　不护自称

论曰："若诸菩萨，安住菩萨净戒律仪，于自能发不信重言，所谓恶声、恶称、恶誉、不护不雪，其事若实，而不避护，是名有犯。有所违越，是染违犯。若事不实，而不清雪，是名有犯，有所违越，非染违犯。无违犯者，若他外道，若他憎嫉，若自出家，因行乞行，因修善行，谤声流布。若忿弊者，若心倒

者，谤声流布，皆无违犯。"颂曰："不避护恶称"。

【释】谓能引生恶声恶称恶誉之事，令自言不威肃，不堪信重，其事于己若实，不护不雪是染违犯。若事不实，而不护雪，非染违犯。恶声等三，卓垄巴云："约所说过软中重品。"不避护者，谓过将生，而不预防。不清雪者，谓过已生，而不断除。（此释与汉文稍异。）虽有恶声不护不雪而无违犯中，就说者有三：一若他外道。二若他憎嫉补特伽罗，虽善开晓而不信从。三若忿蔽者强欲谤说。《新疏》中云："若他外道憎嫉。"合前二为一外道，不符本论。就所说事有三：一因自出家。二因行乞食。三因修善行，谤声流布。

【科】子二　不作利他猛利加行

论曰："若诸菩萨，安住菩萨净戒律仪。见诸有情，应以种种辛楚加行，猛利加行，而得义利，护其忧恼，而不现行，是名有犯，有所违越，非染违犯。无违犯者，观由此缘，于现法中少得义利，多生忧恼。"颂曰："虽有惑不治"。

【释】见诸有情，应以种种令他忧恼辛楚加行及以身语粗暴不可爱乐，调伏方便猛利加行，乃得义利，护其忧恼，而不现行彼方便者，是染违犯。虽不现行而无违犯，谓观由此现行，令他于现法中，少得义利，多生忧恼。诸论亦有释为：令他少得义利，而自生大劬劳者。《新疏》云："言有惑者，谓猛利加行，非但用此，亦复应以柔和加行，是'虽'字义。"此释为非但限用猛利加行，即以柔和加行不治亦犯。然似误解文义，此是谓，他虽有惑或有大过,自能治罚而不治除。又《新疏》说,上二恶作如其次第,失坏摄善法中,正念正知正行防守,于自愆犯审谛了知,知已悔除,及饶益有情戒中,诃责忆念。

【科】壬三　违犯忍辱分三

　　癸初　不住忍因

论曰:"若诸菩萨,安住菩萨净戒律仪。他骂报骂,他瞋报瞋,他打报打,他弄报弄,是名有犯,有所违越,是染违犯。"颂曰:"他骂报骂等"。

【释】舍离四沙门法,是染违犯。其中骂者,谓发瞋詈之言。"等"字中摄他瞋报瞋者,谓以令他愤恚意乐,发非爱语。他打报打者,谓以令他生苦意乐,而行捶打。他弄报弄者,谓互举过犯。

【科】癸二　不断瞋心相续分二

　　子初　自不断除

论曰:"若诸菩萨,安住菩萨净戒律仪,于他有情有所侵犯,或自不为,彼疑侵犯,由嫌嫉心,由慢所执,不如理谢,而生轻舍,是名有犯,有所违越,是染违犯。若由懒惰懈怠放逸,不谢轻舍,是名有犯,有所违越,非染违犯。无违犯者,若欲方便调彼伏彼,出不善处安立善处,若是外道,若彼希望,要因现行非法有罪,方受悔谢,若彼有情性好斗诤,因悔谢时倍增愤怒,若复知彼为性堪忍,体无嫌恨,若必了他因谢侵犯,深生羞耻,而不悔谢,皆无违犯。"颂曰:"轻舍诸恚者"。

【释】若自于他有所侵犯，或自未为彼疑侵犯，于此二随一。若由嫉妒增上嫌恨之心，或骄慢所制羞耻卑下，不如理谢，是染违犯。若由余二心及放逸心而不谢者，非染违犯。虽不悔谢无违犯中，就所为者，谓欲方便调伏。就所谢境有五：一若是外道。二若他希望要因现行非法有罪方受悔谢。三若他性好斗诤，因悔谢时反增愤怒。四若性堪忍，随谢不谢心无变异。五若他不欲受谢，或因悔谢反令羞耻。此后二缘，论文似一，诸释论中别释为二，此如释说。

【科】子二　他不断除

论曰："若诸菩萨，安住菩萨净戒律仪，他所侵犯，彼还如法平等悔谢，怀嫌恨心，欲损恼彼，不受其谢，是名有犯，有所违越，是染违犯。虽复于彼无嫌恨心，不欲损恼，然由禀性不能堪忍，故不受谢，亦名有犯，有所违越，是染违犯。无违犯者，若欲方便调彼伏彼，广说一切，如前应知。若不如法，不平等谢，不受彼谢，亦无违犯。"颂曰："弃舍他谏谢"。

【释】因何斗诤他为侵犯，彼还如法平等悔谢，怀嫌恨心，欲损恼彼，不受其谢，是染违犯。若无瞋恚，惟由禀性不能堪忍，不欲受谢而不受谢，非染违犯。（汉论为亦染违犯。）虽不受谢无违犯中，就所为者，谓欲方便调伏。就境者，谓不如法，不平等谢。初谓非应正理，后谓惟以空言。又《律仪二十颂》新旧二疏，俱于后义说为非时，谓侵犯无间之时而不悔谢。《新疏》又说：若是外道及性好斗诤者亦无违犯。

【科】癸三　不住对治

论曰："若诸菩萨，安住菩萨净戒律仪。于他怀忿，相续坚持，生已不舍，是名有犯。有所违越，是染违犯。无违犯者，为断彼故生起乐欲，广说如前。"颂曰："随逐忿心转"。

【释】若于他所才发忿心，相续执持，不见过患，不修对治，生已不舍，是染违犯。若为断彼生起欲乐，虽勤遮遏然未能断，无所违犯，如前广说。觉贤论师说，此是生起忿恚执持违犯。四恶作中，《新疏》说初二，如其次第，失坏律仪摄善法二戒中，希求利他，及不忍受本随烦恼坏摄善法戒之因缘。后二违何未见明文。

【科】壬四　违犯精进分三

癸初　下劣加行

论曰："若诸菩萨，安住菩萨净戒律仪，贪著供事增上力故，以爱染心管御徒众，是名有犯。有所违越，是染违犯。无违犯者，不贪供侍，无爱染心管御徒众。"颂曰："为供事御众"。

【释】若以贪著洗浴设座不被差等所有供事，及心希望供财物等爱染之心，管御徒众，是染违犯。以无染心管御徒众受承事等，则无违犯。

【科】癸二　全无加行

论曰："若诸菩萨，安住菩萨净戒律仪。懒惰懈怠，耽睡眠乐，卧乐倚乐，非时非量，是名有犯，有所违越，是染违犯。无违犯者，若遭疾病，若无气力，行路疲极，若为断彼生起乐欲，

卷四

广说一切如前应知。"颂曰："不除懈怠等"。

【释】谓若生起懒惰懈怠，"等"字摄取，贪睡眠乐，卧乐倚乐，忍受不舍，昼中非时，虽于夜时除中夜外，初后二分，亦复非量，是染违犯。虽复忍受无违犯中，就自身有三：一病无气力。二行路疲极。三为欲断彼生起欲乐，广如前说。

【科】癸三　贪恶劣事

论曰："若诸菩萨，安住菩萨净戒律仪，怀爱染心，谈说世事，虚度时日，是名有犯，有所违越，是染违犯。若由忘念虚度时日，是名有犯，有所违越，非染违犯。无违犯者，见他谈说，护彼意故，安住正念须臾而听。若事希奇，或暂问他，或答他问，无所违犯。"颂曰："贪说无义论"。

【释】若乐谈说王臣盗贼妇女行欲等论，以爱染心虚度时日，是染违犯。若忘念谈，非染违犯。《传释》说此是从他闻虚度时日。言度时者，谓过上午而至下午，及过下午而至初夜等。或虽听说无违犯中，就听闻者，谓见他谈说安住正念须臾而听。就言论者，谓事希奇，或暂问他，或答他问。最胜子等说精勤学时，此亦成犯。《新疏》中说上三恶作，失坏饶益有情戒中，如法御众，摄善法中精进波罗蜜多，律仪戒中虽处杂众，而不乐为不正言论。

【科】壬五　违犯静虑分三

癸初　加行过失

论曰："若诸菩萨，安住菩萨净戒律仪，为令心住，欲定其心，心怀嫌恨，骄慢所持，不诣师所求请教授，是名有犯，有所违越，是染违犯。懒惰懈怠而不请者，非染违犯。无违犯者，若遇疾病，若无气力，若知其师颠倒教授，若自多闻，自有智力，能令心定，若先已得所应教授，而不请者，无所违犯。"颂曰："不求三摩地"。

【释】欲定其心，怀嫌恨心，骄慢所持，不诣师所，求请住心教授，是染违犯。以余二心非染违犯。虽不请求无违犯中，就自身有三：一病无气力。二若知彼颠倒教授。三自多闻能令心住，或以教授先已成办所教授事。

【科】癸二　正行过失

论曰："若诸菩萨，安住菩萨净戒律仪，起贪欲盖，忍受不舍，是名有犯。有所违越，是染违犯。无违犯者，若为断彼生起乐欲，发勤精进，烦恼猛利蔽抑心故，时时现行。如贪欲盖，如是瞋恚，昏沉睡眠，掉举恶作，及与疑盖，当知亦尔。"颂曰："不舍静虑障"。

【释】能障静虑之五盖，随一生起，忍受不舍，是染违犯。若为断彼生起欲乐，无犯如前。五盖如《亲友书》云："掉悔、及瞋恚、昏睡、贪欲、疑。当知此五盖，是劫善财贼"。掉举恶作合为一盖，昏沉睡眠合为一盖。此中分二：一明所净之盖及能引。二如何净治之法。初中贪欲者，谓心爱欲色声等五境，随逐而转。能引此者，谓于境增益可爱净相，非理作意。瞋恚者，谓于他欲作不饶益心，及损害心。能引此者，谓妄增益忿怒因缘，

非可爱乐，非悦意相。昏沈者，谓痴分所摄内心昏昧，无堪能性。睡眠者，谓痴分所摄心极昧略。能引此二者，谓心思惟黑暗之相，无光明相。掉举者，谓贪分所摄不寂静相。恶作者，谓心生忧悔。能引此二者，谓因亲属国土不死寻思，及随忆念昔所经历戏笑欢娱所行之事。疑者，谓于三世为有为无，及于三宝业果四谛，犹豫猜度。能引此者，谓三世法，及缘彼法非理作意。

二如何净治之法分二：一以何对治净治。二以何威仪净治。初又分三：初依对治增上净治分五：贪欲对治者，谓修青瘀脓烂等不净相。二瞋恚对治者，谓修仁慈。三昏沈睡眠对治者，谓善取日月等光明之相，令心明了。或随念佛法僧戒舍天，或住其余净信所缘，策举其心，或观四方，及月星等，或水洗面。四掉举恶作对治者，谓心于内正住一趣，修三摩地。五疑对治者，谓观过去已生，及未来当生等，全无有我，惟法因果，如理作意，于有谓有，于无谓无，远离增益及损减执。又于此一切，应诵诃责五盖及能引诸法过患，赞叹离彼五盖胜利之经论文句，思惟其义，其未生者，制令不生，生已令断。二依自增上净治者，谓五盖生已无间，当知彼盖令心杂染，令慧劣弱，损害善法，故不合我法，深生羞惭，断除不受。三依法增上净治者，谓五盖中随一生起，或将生时，念我起此，当为大师及知他心诸天，并诸智者之所诃责，故未生者，令其不生，生已断除。二以何威仪对治者，谓睡眠昏沈，当起经行而为净治。于余四盖善结跏趺住念净治。又一切时应不忍受，断除此等，非惟定时。

【科】癸三　结行过失

论曰:"若诸菩萨,安住菩萨净戒律仪,贪味静虑,于味静虑见为功德,是名有犯,有所违越,是染违犯。无违犯者,若为断彼生起乐欲,广说如前。"颂曰:"见味静虑德"。

【释】若自相续生静虑时,爱著其味,于爱味喜乐等,见为功德,是染违犯。若为断彼生起欲乐,无犯如前。诸论说为于定喜足之过,未见应理。又定生已而能障其相续久住及胜进者,有四烦恼:一有爱味,二慢增上,三无明增上,四见增上。《新疏》中说上三恶作如其次第,失坏律仪中引发胜定,不应思惟诸恶寻思,摄善法中不应忍受等至烦恼,及摄善法中,不应忍受等至味著。

菩萨戒品释 卷五

【科】壬六　违犯般若分二

　　癸初　对下劣境

　　癸二　对殊胜境

　　初又分四

　　子初　诽谤小乘

论曰："若诸菩萨，安住菩萨净戒律仪，起如是见，立如是论：菩萨不应听声闻乘相应法教，不应受持，不应修学。菩萨何用于声闻乘相应法教，听闻受持，精勤修学？是名有犯，有所违越，是染违犯。何以故？菩萨尚于外道书论精勤研究，况于佛语。无违犯者，为令一向习小法者，舍彼欲故，作如是说。"颂曰："毁谤声闻乘"。

【释】若起如是见，立如是论：菩萨不应听声闻乘相应法教，不应受持其文，不应修学其义，听闻受持修学全无益故，是染违犯。此是妄执诸小乘人于声闻乘须听闻等，菩萨不须，非是毕竟谤声闻乘，故与谤别解脱之根本罪，有大差别。作如是说犯戒之理，以诸菩萨于外道论尚须精勤研究，况于佛语。又制此戒，是少知者，说大乘人不须修学别解脱戒，造集谤法业障，从大险坑救护之最胜教授。若大乘人一向爱乐声闻乘法，为遮彼欲，令乐大乘，则无违犯。

【科】子二　一向勤学声闻乘法

论曰："若诸菩萨，安住菩萨净戒律仪，于菩萨藏未精研究，于菩萨藏一切弃舍，于声闻藏一向修学，是名有犯，有所违

越,非染违犯。"颂曰:"有自法勤彼"。(藏文为是染违犯)

【释】现有菩萨藏可勤修学,而一切弃舍,于声闻藏精勤修学,是染违犯。须于大乘精进不废,兼学小乘法藏。

【科】子三　一向勤学外道书论

论曰:"若诸菩萨,安住菩萨净戒律仪,现有佛教,于佛教中未精研究,于异道论及诸外论,精勤修学,是名有犯,有所违越,是染违犯。无违犯者,若上聪敏,若能速受,若经久时,能不忘失,若于其义,能思能达,若于佛教如理观察,成就俱行无动觉者,于日日中,常以二分修学佛语,一分学外则无违犯。"颂曰:"勤非勤外论"。

【释】现有可精研之佛教,未精研究,而于自教不勤研究,反于不应专究之异论外论,精勤修学,是染违犯。言外论者,《传释》说,为外道因明声明等论。前戒所应勤修之事,谓菩萨藏,此戒总说佛教。就自身者,谓若上聪敏,若能速受,若经久时能不忘失,若于其义能思能达,若于佛教如理观察,成就俱行无动觉者。于日日中常以二分精学佛语,一分学外则无违犯。上聪敏者,谓少许时便能记念。最胜子云:"能思义者,谓慧通利。能达义者,谓慧明了。如理观察者,谓俱生大慧。能速受者,谓能速学。"

【科】子四　于外道论爱乐修学

论曰:"若诸菩萨,安住菩萨净戒律仪,越菩萨法,于异道论及诸外论,研求善巧,深心宝玩,爱乐味著,非如辛药,而习近之，是名有犯，有所违越，是染违犯。"颂曰："精勤复爱乐"。

【释】于异道论及诸外论，依上戒轨研究善巧，然应如辛药，虽非所爱，为利他故，而相习近。若不如是，初心宝玩，次则爱乐，后复味著，是染违犯。上四恶作，《新疏》中说："初罪失坏摄善法中，远离邪见。第二、第三失坏摄善法中，闻思加行。"于第四罪未见明说。

【科】癸二　对殊胜境分三

子初　诽谤慧境

论曰："若诸菩萨，安住菩萨净戒律仪，闻菩萨藏，于甚深处，最胜甚深真实法义，诸佛菩萨难思神力，不生信解，憎背毁谤，不能引义，不能引法，非如来说，不能利益安乐有情，是名有犯，有所违越，是染违犯。如是毁谤，或由自内非理作意，或随顺他而作是说。若诸菩萨，安住菩萨净戒律仪，若闻甚深最甚深处，心不信解，菩萨尔时应强信受，应无谄曲，应如是学：我为非善，盲无慧目，于如来眼随所宣说，于诸如来密意语言，而生诽谤。菩萨如是自处无知，仰推如来于诸佛法无不现知等随观见。如是正行，无所违犯。虽无信解，然不诽谤。"颂曰："诽谤大乘法"。

【释】谤菩萨藏是染违犯，由闻何事而诽谤耶？谓由听闻菩萨藏中，宣说甚深真实法义，或佛菩萨难思神力，不生信解，憎背毁谤。非异生境，名曰甚深。非二乘境，名最甚深。言真实法

义,或难思神力者,显随毁谤深广一分为恶作罪。诽谤有四:一谤所诠下劣或非智所依,曰不能引义。二谤能诠下劣或非福所依,曰不能引法。三谤说者下劣,曰非如来说。四由上三缘,故谤不能利乐有情。诽谤之因,谓由自内非理作意,或随顺他而作是说。

从谤法罪护心方便,谓闻甚深最甚深处,心不信解,菩萨尔时应强信解,应无谄曲,应如是学:我今盲无无漏慧眼,惟应随顺如来眼行,于诸如来密意语言而生诽谤,非我应为。菩萨如是自处无知,仰推如来于彼诸法,无不现知正等观见。如是正行虽不信解,然不诽谤,则无违犯。《庄严经论》云:"意过性恶故,尚不瞋恶色,况于犹预法,故舍置无罪。"《宝鬘论》云:"如来诸密语,非易了知故,说三乘一乘,当舍置自护。舍置无罪恶,憎惟恶无善。"初发业者,难得一切随顺己意,不能信解舍置无犯。

【科】子二 于果邪行

论曰:"若诸菩萨,安住菩萨净戒律仪,于他人所,有染爱心,有瞋恚心,自赞毁他,是名有犯,有所违越,是染违犯。无违犯者,若为摧伏诸恶外道,若为住持如来圣教,若欲方便调彼伏彼,广说如前。或欲令其未净信者,发生净信,已净信者,倍复增长。"颂曰:"自赞而毁他"。

【释】有染爱心,有瞋恚心,对他人所,自赞毁他,是染违犯。有染爱心者,《新疏》及《传释》,说为"骄醉心",即是慢心。最胜子说为"我爱执心"。义同骄慢。故与他胜处罪,有大差别。又虽自赞毁他而无违犯中,就所为有三:一若为住持如来圣教,而欲摧伏外道之时。二若为方便调彼伏彼。三若为令他未净信者,发生净信,已净信者,倍复增长。

【科】子三　失坏慧因分二

丑初　不住听闻

论曰:"若诸菩萨,安住菩萨净戒律仪,闻说正法论议决择,骄慢所制,怀嫌恨心,怀恚恼心,而不往听,是名有犯,有所违越,是染违犯。若为懒惰懈怠所蔽,而不往听,非染违犯。无违犯者,若不觉知,若有疾病,若无气力,若知倒说,若为护彼说法心者,若正了知彼所说义,是数所闻所持所了,若已多闻,具足闻持,其闻积集,若欲无间于境住心,若勤引发菩萨胜定,若自了知上品愚钝,其慧钝浊,于所闻法难受难持,难于所缘摄心令定,不往听者,皆无违犯。"颂曰:"不往听闻法"。

【释】闻他说法论议决择,由骄慢心及二种心,而不往听,是染违犯。由余二心而不往听,非染违犯。虽不往听无违犯中,就自身有七:一若未觉知说正法等。二若病无力。三若知倒说。四若知其法,是数所闻、所持、所了。五若自多闻,具足闻持,其闻积集。六若为无间于境,住心引发胜定。七若慧迟钝,于先闻法为'受、为持、为于所缘摄心令定。多闻等三,谓闻、知、究竟。难受等三,谓闻、思、修。就所为有一,谓为将护说法师心。

卷
五

【科】丑二　于闻境邪行

论曰："若诸菩萨，安住菩萨净戒律仪，于说法师，故思轻毁，不深恭敬，嗤笑调弄，但依于文，不依于义，是名有犯，有所违越，是染违犯。"颂曰："毁师但依文"。

【释】若于说法补特伽罗，故思轻毁，心不至诚起大师想，善知识想，身不恭敬，呵责嗤笑，恶言调弄，乐著言词，但依于文，非重正理，不依于义，是染违犯。总谓义善文不善，妙亦不依止，若义不善文言善，妙便依而住。有人释为"谤说法师，惟宣其文，不释其义，或不知义"。此全未了论之字义。《菩萨地》说四依时，义同上说，故应如是。最胜子及《传释》中，说是不敬法罪。以上三罪，如其次第，《新疏》说为"失坏断除恶见，多闻加行，摄善法中承事尊长。但依文者，义为轻毁法师但依文句。"

【科】辛二　违犯饶益有情分二

　　壬初　对总境

　　壬二　对别境

　　初又分二

　　　癸初　不与义利

论曰："若诸菩萨，安住菩萨净戒律仪，于诸有情所应作事，怀嫌恨心，怀恚恼心，不为助伴。谓于能办所应作事，或于道路若往若来，或于正说事业加行，或于掌护所有财宝，或于和好乖离诤讼，或于吉会，或于福业，不为助伴，是名有犯，有所违越，是染违犯。若为懒惰懈怠所蔽，不为助伴，非染违犯。无违犯者，若有疹疾，若无气力，若了知彼自能成办，若知求者自有依怙，若知所作，能引非义，能引非法，若欲方便调彼伏彼，广说如前。若先许余为作助伴，若转请他有力者助，若于善品，正勤修习，不欲暂废，若性愚钝，于所闻法，难受难持，如前广说。若为将护多有情意，若护僧制，不为助伴，皆无违犯。"颂曰："须伴不往助。"

【释】初从抉择所应作事，乃至福业，于此八事，若由二心不往助伴，是染违犯。由余二心，非染违犯。言正说者，卓垅巴云："未善方言者，教其方言。"余如前释。虽不往助无违犯中，就自身有五：一病无气力。二若先许余。三若转请余有力者助。四若勤修余殊胜善品。五自性愚钝，不善教授。就所作有一，谓知所作能引非义，能引非法，不顺正理。就境有二：一若知求者自力能办。二知有依怙。就所为有三：一若欲方便调彼伏彼。二若为将护余多有情嫌恨之心。三若护僧制。

【科】癸二　不拨损害分二

　　子初　不为拨苦

　　子二　不除苦因

　　初又分二

　　丑初　不拨别苦

论曰："若诸菩萨，安住菩萨净戒律仪，见诸有情遭重疾病，怀嫌恨心，怀恚恼心，不往供事，是名有犯，有所违越，是

染违犯。若为懒惰懈怠所蔽,不往供事,非染违犯。无违犯者,若自有病,若无气力,若转请他有力随顺令往供事,若知病者有依有怙,若知病者自有势力能自供事,若了知彼长病所触,堪自支持,若为勤修广大无上殊胜善品,若欲护持所修善品令无间缺,若自了知上品愚钝,其慧钝浊,于所闻法难受难持,难于所缘摄心令定,若先许余为作供事。"颂曰:"不供事病人"。

【释】见遭重病,若由二心不往供事,作瞻侍等,是染违犯。由余二心非染违犯。虽不往事无违犯中,就自身有四:一病无气力。二转请有力顺病人意。三若慧钝浊不善说法,自不善持,难于所缘摄心令定。四若先许余。就境有三:一若知病者,有依有怙。二自有势力,能自供事。三长病所触堪自支持。就所为有一,谓为勤修广大善品,护其障难。

【科】丑二　不拔总苦

论曰:"如于病者,于有苦者,为作助伴,欲除其苦,当知亦尔。"颂曰:"不救拔众苦"。

【释】有犯无犯,是染非染,如同病者。所拔之苦,救拔方便,俱如前说。

【科】子二　不除苦因

论曰:"若诸菩萨,安住菩萨净戒律仪,见诸有情,为求现法后法事故,广行非理,怀嫌恨心,怀恚恼心,不为宣说如实正理,是名有犯,有所违越,是染违犯。若由懒惰懈怠所蔽,不为宣说,非染违犯。无违犯者,若自无知,若无气力,若转请他力力者说，若即彼人自有智力，若彼有余善友摄受，若欲方便调彼伏彼，广说如前。若知为说如实正理，起嫌恨心，若发恶言，若颠倒受，若无爱敬，若复知彼性弊忧悷，不为宣说，皆无违犯。"颂曰："不诲诸放逸"。

【释】若见有情，为求现法及后法事，广行非理，由二种心不为宣说，称彼机宜无过正理，是染违犯。由余二心，非染违犯。虽不宣说无违犯中，就自身有二：一若自不知所应说法，自无能力。二若转请余有力者说。就境有四：一若知彼自有力能改。二若有善友之所摄受。三若知于自怀嫌恨心，喜出粗言，颠倒执受。四若性忧悷，于说正理不生爱敬。就所为有一，欲以不说方便调伏。此戒广说，如前应知。

【科】壬二　对别境分二

癸初　不作饶益

癸二　不作降伏

初又分六

子初　于有恩邪行

论曰："若诸菩萨，安住菩萨净戒律仪，于先有恩诸有情所，不知恩惠，不了恩惠，怀嫌恨心，不欲现前如应酬报，是名有犯，有所违越，是染违犯。若为懒惰懈怠所蔽，不现酬报，非染违犯。无违犯者，勤加功用，无力无能不获酬报，若欲方便调彼伏彼，广说如前。若欲报恩，而彼不受，皆无违犯。"颂曰："于恩不报恩"。

【释】若于有恩诸有情所，不欲报恩，名不知恩惠。不忆其恩，或不思恩，名不了恩惠。纵不能增，当以或等或下，怀嫌恨心，不欲现前如应酬报，是染违犯。由余二心非染违犯。虽不酬报无违犯中，就自身有一，谓勤加功用欲报其恩，无力无能不获酬报。就境有一，谓彼不欲受。

【科】子二　于忧恼邪行

论曰："若诸菩萨，安住菩萨净戒律仪，见诸有情，堕在丧失财宝眷属禄位难处，多生愁恼，怀嫌恨心，不往开解，是名有犯，有所违越，是染违犯。若为懒惰懈怠所蔽，不往开解，非染违犯。无违犯者，应知如前，于他事业不为助伴。"颂曰："不解他愁恼"。

【释】见他丧失亲属财宝，多生愁恼，怀嫌恨心，不往开解，是染违犯。由余二心非染违犯。无违犯者，如于事业，不为助伴。忧恼差别，开解方便，如前广说。

【科】子三　于有贫邪行

论曰："若诸菩萨，安住菩萨净戒律仪，有饮食等资生众具，见有求者来，正希求饮食等事，怀嫌恨心，怀恚恼心，而不给施，是名有犯，有所违越，是染违犯。若由懒惰懈怠放逸，不能施与，非染违犯。无违犯者，若现无有可施财物，若彼希求不如法物，所不宜物，若欲方便调彼伏彼，广说如前。若来求者，王所匪宜，将护王意，若护僧制，而不惠施，皆无违犯。"颂曰："不施求财者。"

【释】见有求者，如理正求饮食等事，若由二心而不给施资生众具，是染违犯。由余二心及放逸心，而不施与，非染违犯。虽不施与无违犯中，就自身有一，谓现无有可施财物。就物有二：一不如法物，谓于现法后法有过。二所不宜物，不宜求者。就所为有三：一若欲以彼不施方便，调彼伏彼。二若施所求，于王匪宜，将护王意。三为护僧制。

【科】子四　于徒众邪行

论曰："若诸菩萨，安住菩萨净戒律仪，摄受徒众，怀嫌恨心，而不随时无倒教授，无倒教诫，知众匮乏，而不为彼从诸净信长者、居士、婆罗门等，如法追求衣服、饮食、诸坐卧具、病缘医药资身什物，随时供给，是名有犯，有所违越，是染违犯。若由懒惰懈怠放逸，不往教授，不往教诫，不为追求如法众具，非染违犯。无违犯者，若欲方便调彼伏彼，广说如前。若护僧制，若有疹疾，若无气力不任加行，若转请余有势力者，若知徒众世所共知有大福德，各自有力求衣服等资身众具，若随所应教授教诫，皆已无倒教授教诫，若知众内有本外道，为窃法故来入众中，无所堪能，不可调伏，皆无违犯。"颂曰："不利诸徒众"。

【释】摄徒众已，怀嫌恨心，而不时时教授教诫，知众匮乏，而不为彼从诸净信长者、居士、婆罗门家，如法追求衣服、饮食、诸坐卧具、病缘医药资身什物，是染违犯。由余二心及放逸故，不往教授不往教诫，不为追求，非染违犯。虽不教等无违

犯中，就自身有二。一若病无力，不任加行。二若转请余有势力者。就所为有二：一若欲以此不教不求方便调彼。二若护僧制。就境有三：一若知徒众有大福德，或自能求衣食等事。二若已无倒教授教诫。三若本外道，为窃法故，来入众中，不堪调伏。财法摄受之轨前已广说。

【科】子五　于随顺邪行

论曰："若诸菩萨，安住菩萨净戒律仪，怀嫌恨心，于他有情不随心转，是名有犯，有所违越，是染违犯。若由懒惰懈怠放逸，不随其转，非染违犯。无违犯者，若彼所爱非彼所宜，若有疾病，若无气力，不任加行，若护僧制，若彼所爱，虽彼所宜，而于多众非宜非爱，若为降伏诸恶外道，若欲方便调彼伏彼，广说如前，不随心转，皆无违犯。"颂曰："不随他心转"。

【释】若不随顺他心而转，是染非染如前戒说。虽不随转无违犯中，就自身有一，谓病无力，不任加行。就所为有五：一若彼所爱非彼所宜，彼后自损或返害己。二若彼所爱虽彼所宜，而于众多非宜非爱，为护众多不喜乐心。三若护僧制。四若降外道。五若欲方便调彼伏彼。此戒前已广释。

【科】子六　于有德邪行

论曰："若诸菩萨，安住菩萨净戒律仪，怀嫌恨心，他实有德，不欲显扬，他实有誉，不欲称美，他实妙说，不赞善哉，是名有犯。有所违越，是染违犯。若由懒惰懈怠放逸，不显扬等，非染违犯。无违犯者，若知其人性好少欲，将护彼意，若有疾病，若无气力，若欲方便调彼伏彼，广说如前。若护僧制。若知由此显扬等缘，起彼杂染骄举无义，为遮此过，若知彼德，虽似功德，而非实德，若知彼誉，虽似善誉，而非实誉，若知彼说，虽似妙说，而实非妙，若为降伏诸恶外道，若为待他言论究竟，不显扬等，皆无违犯。"颂曰："不赞扬功德"。

【释】若他实有如前所说信等功德，不欲显扬，他实妙说，不赞善哉，由一种心及余三心，是染非染，如前戒说。虽不赞扬无违犯中，就自身有二：一病无气力，不能赞说。二若为待他言论究竟。就境有一，谓若知彼性好少欲，赞其功德，反令不喜。就所说有一，谓彼德说相似非实。就所为有四：一若欲不赞方便调彼。二若护僧制。三若知由此引彼杂染、骄举、无义，为遮此过。四若为降伏外道。

【科】癸二　不作降伏分二

子初　不纠行非法者

论曰："若诸菩萨，安住菩萨净戒律仪，见诸有情，应可诃责，应可治罚，应可驱摈，怀染污心，而不诃责，或虽诃责，而不治罚，如法教诫。或虽治罚如法教诫，而不驱摈，是名有犯，有所违越，是染违犯。若由懒惰懈怠放逸，而不诃责，乃至驱摈，非染违犯。无违犯者，若了知彼不可疗治，不可与语，喜出粗言，多生嫌恨，故应弃舍，若观待时，若观因此斗讼诤竞。若观因此令僧喧杂，令僧破坏。知彼有情不怀谄曲，成就增上猛利惭愧，疾病还净，而不诃责，乃至驱摈，皆无违犯。"颂曰"不

卷五

称缘降伏"。

【释】见诸有情，应可诃责，应可治罚，应可驱摈。怀嫌恨心，而不诃责。或虽诃责，而不治罚。或虽治罚，而不驱摈。是染违犯。由余二心及放逸故，非染违犯。虽不诃等无违犯中，就自身有一，谓观待时。就境有二，一不可疗治，谓不可与语，喜出粗言，多生慊恨。二知彼成就猛利惭愧，疾疾还净。就所为有二：一若观因此诃责等故，斗讼诤竞，为遮此过。二若观令僧喧杂破坏，为遮此过。斗讼等四，卓垅巴说："初一为总，余三为别，相骂、相打、诤诉法庭"。

【科】子二　不转憎圣教者

论曰："若诸菩萨，安住菩萨净戒律仪，具足成就种种神通变现威力，于诸有情，应恐怖者能恐怖之，应引摄者能引摄之，避信施故，不现神通恐怖引摄，是名有犯，有所违越，非染违犯。无违犯者，若知此中诸有情类，多著僻执，是恶外道诽谤贤圣，成就邪见，不现神通恐怖引摄，无有违犯。"颂曰："不现通怖摄。"

【释】成就种种神变威力，应恐怖者能恐怖之，应引摄者能引摄之，见在圣教不持律仪，难消信施，若不令彼断信施故，示现神通恐怖引摄，非染违犯。《律仪二十颂》新旧二疏，有本说此最后恶作，是染违犯，似是字误。若恶外道，多著僻执，诽谤神通为咒为药，不现神通亦无违犯。《新疏》说此十二恶作，失坏各个饶益有情。

颂曰："具哀愍慈爱，及善心无犯。"二句显示于前所说开遮诸戒，若为哀愍诸有情故，及因慈爱欲利欲化诸有情故，虽有现行而无违犯。觉贤论师说："'及'字摄'若心极烦恼，重苦受逼切，睡眠及狂乱，虽犯而无罪。'"意谓此二句文摄此论说："若心狂乱，若重苦受之所逼切，皆无违犯。"静命大论师说："此颂是摄下文所说，贪起无犯。"此说为善。

【科】戊二　于罪护心之法

论曰："复次，如是所起诸事菩萨学处，佛于彼彼素怛缆中随机散说。谓依律仪戒，摄善法戒，饶益有情戒。今于此菩萨藏摩怛履迦综集而说，菩萨于中应起尊重，住极恭敬，专精修学。是诸菩萨，从他正受戒律仪，已由善清净求学意乐，菩提意乐，饶益一切有情意乐。生起最极尊重恭敬，从初专精，不应违犯。"

【释】前说如是菩萨学处，皆是经中实出之事，谓佛依于三聚净戒，于彼彼经随机散说。无著菩萨而今于此菩萨法藏摩怛履迦一处一贯，将彼散文综集而说。由是菩萨于无臆撰诸学处中，为修学故，应起敬重。当由三种圆满意乐，从他正受戒律仪已，于诸学处最极尊敬，如佛所制勤学不犯。三意乐者，谓善清净求学意乐，希求菩提意乐，饶益有情意乐。诸释论中多说此三，学三聚戒。若说初是欲学学处自性，通三聚戒，后二为求菩提及求利他，实为善说。从初正受戒律仪已，即应发起最极尊敬，令无违犯。《菩萨地》第十八品云："若诸菩萨，现前自称我是菩萨，于菩萨学不正修行，当知是名相似菩萨，非真菩萨。若诸菩

萨,现前自称我是菩萨,于菩萨学能正修行,当知是名真实菩萨。"故莫思云:此诸学处能行固善,即不能行亦止如是。当观此乃最要教授,正受菩萨戒律仪者,须行六度四摄为基,更当勇进,随逐已达一切佛教深广道理,趣大辙道先觉而行,不应采视,未解一切圣教宗要盲修者学。

【科】戊三　犯已还出之方便

论曰:"设有违犯,即应如法疾疾悔除,令得还净。又此菩萨一切违犯,当知皆是恶作所摄,应向有力,于语表义能觉能受,小乘大乘补特伽罗,发露悔灭。若诸菩萨以上品缠,违犯如上他胜处法,失戒律仪,应当更受。若中品缠,违犯如上他胜处法,应对于三补特伽罗,或过是数,应如发露除恶作法,先当称述所犯事名,应作是说:长老专志,或言大德,我如是名,违越菩萨毗奈耶法,如所称事,犯恶作罪。余如苾刍发露悔灭恶作罪法,应如是说。若下品缠,违犯如上他胜处法,及余违犯,应对于一补特伽罗,发露悔法,当知如前。若无随顺补特伽罗,可对发露悔除所犯,尔时菩萨以净意乐,起自誓心:我当决定防护当来,终不重犯。如是于犯还出还净。"

【释】虽初专精令无违犯,设由无知、放逸、多惑、不敬四缘违犯,即当如法悔除还净。除他胜法,菩萨所余一切违越学处之罪,皆恶作摄,非如别解脱戒罪有多种。犯此戒时,应向有力,于悔罪法语表文义,能觉能受,小乘大乘补特伽罗,发露悔灭。其境若无菩萨律仪,惟有别解脱律仪者,则须苾刍男女。以沙弥等，且非悔除犯别解脱所对境故。若悔罪者，是出家身，现有出家可对悔境，亦不应向在家菩萨。若以上品缠犯他胜处法，由此即失净戒律仪。此论中说"应当更受"（藏文为二次重受）。

《摄抉择分》说："若有还得清净受心，复应还受。"藏师有云："可受两次，不应更受。"有云："先受一次，重受两次，共许三返，过此不许太无惭故。"此系思惟"二次"之义，然不应理。言二次者，是待初受说为第二，非说以后不许受故。梵土教典，堪为佐证，皆未指定如是量故。又《传释》云："设由烦恼犯极重罪，向僧悔已，次以利益众生意乐，发菩提心，由净意乐更当重受。言二次者，非惟两次，是待初受说后为二。"

设中品缠犯，应对三人或过是数，悔恶作罪。谓住其前先述所犯罪事之名，应作是说：长老专志，我如是名，如所称事违越菩萨毗奈耶法，犯恶作罪。余如苾刍悔恶作法，应如是说。于恶作罪后，应添所犯罪名。（在汉文应添于恶作罪上）如云："犯自赞恶作罪。"例如说云："犯自赞或毁他。"所余文者，《旧疏》中云：如是众罪，我于长老发露悔除，更不覆藏。发露悔除，我安乐住，不露不悔，则不安乐。问云：汝于此等见罪否？应答言见。问云：后防护否？应答言：如法如律善为奉持。第二第三亦如是说。"《新疏》中云："知见忆时如法如律善为奉持。"诸余释中，问防护否？惟说答曰："谨善防护。"尔时身业以何威仪？新疏中云："先对诸境合掌礼拜，次于下方蹲跪合掌。"

若下品缠犯他胜处法，及余违犯，对一人前，发露悔灭，悔法如前。若无随顺可对悔除补特伽罗，或无可应对悔之境，当发誓心，防护当来，终不重犯。由如是行于犯还出。最胜子等，谓此是显"加持无犯"。然非论义。《律仪二十颂》摄此义云："应更受律仪，中缠对三悔，余罪于一前，如染非自心。"其末句义谓染非染诸恶作罪。若无随顺补特伽罗，应令自誓一向惭愧、调伏、寂静，后不更犯。以此意乐增上，而行悔除。如是亦应对一人前，而行悔灭。静命论师说："言如自心，显余出罪方便。"次引"若无随顺补特伽罗"等文为证，许中下缠理亦如是。觉贤论师云："中下缠犯，与余恶作还出之法决不相同。中下缠犯，若于此处，不能获得一人三人，当往余求。其恶作罪，若于此处不能得一补特伽罗，无须余求，由于自心防护即出。后境不定，前二境定。若不尔者，说三说一境别决定，则不应理。若少于三，悔且不净，岂有防护能净之理。《菩萨地》中，未曾宣说如自心故。作如是诵，乃颠倒诵。故应读为'染非于自心。'《菩萨地》于中下犯，说对三对一，于诸余犯说，若无随顺补特伽罗，当以心防。"

此系破斥《旧疏》之轨，然不应理。《菩萨地》云："若下品缠违犯如上他胜处法，及余违犯，应对于一补特伽罗，发露悔法，当知如前。若无随顺补特伽罗，可对发露悔除所犯，尔时菩萨，以净意乐起自誓心，我当决定防护当来，终不重犯。如是于犯还出还净。"明说下品缠犯还出，同余恶作。下缠既尔，中品缠犯，其理亦同。要由意乐于犯还出，非须决定依仗治罚，是还出之通理故。又《菩萨地》虽无如自心之文，然说："如于一前悔除能净，若无境时防护自心，亦能清净。"义实有故。

又有说云："诸染恶作，若有境时应对一悔，诸非染罪，虽现有境，防心能净。"不应道理，《菩萨地》说无差别故。故中下缠犯，及四十五恶作，若有境时，惟防护心不能清净，应如论中所说而行。所余违犯，若能对一补特伽罗发露悔除，易生惭愧，故最为善。若未遇者，应想诸佛菩萨对前悔除。此《戒品》云："于自愆犯审谛了知，深见过患，既审了知，深见过已，其未犯者，专意护持。其已犯者，于佛菩萨，同法者所，发露悔涂。"《菩萨地》第十七品云："又诸菩萨，过去现在一切误失，一切违犯，以净调柔爱乐随顺所学戒心，想对十方佛世尊所，至诚发露悔往修采，亦劝导他作如是事。如是数数发露所犯，少用功力，一切业障，皆得解脱。"

《集学论》说，应对虚空藏前梦中悔除。又说，悔除菩萨轻重诸罪，如《邬波离问经》所说。新译《集学论》云："《邬波离问经》云：'舍利子！菩萨违犯有二重罪，谓瞋相应，及痴相应。'如是又云：'舍利子！菩萨初犯，当对十众正直悔除。复有违犯，当对五众悔除重罪。舍利子，执母邑手，及眼瞻视，并损恼心诸轻违犯，对一或二补特伽罗发露悔除。菩萨若犯五无间罪，犯母邑罪，依手犯罪，犯童子罪，依塔犯罪，及余违犯，应昼夜专诚对三十五佛，悔除重罪。"别译经中则云："初重违犯

应对十众正直悔除。"此译甚善,谓如上说二重罪中,初瞋相应,对十境悔。经又改译云:"有诸重罪对五众悔。"此谓第二重罪,愚痴相应。经文又说:"执母邑手所犯重罪,当对五众发露悔除。"此系误译。以与《集学论》说此违犯对一或二补特伽罗发露悔除,及经略标并说贪心所起罪轻,皆不顺故。又旧译《集学论》,于执母邑手等三罪,当对一或二悔,说为重罪,然新译中说为轻罪,似为善确。又现在经中,无损恼心罪,定系经文译缺,以《集学论》皆译有故。又瞋相应说为重罪,而损恼心说为轻罪,亦不相违。后为略起损恼意乐,非愤怒心。又说无间重罪,当以三十五佛忏,昼夜悔除者,意谓惟对补特伽罗,三说还出仪轨,仍不能净苦异熟果。《入行论》云:"昼夜各三次,读诵三蕴经,依佛菩提心,息灭余违犯。"此还出法,谓除根本,所余之罪,或除故思,余由忘念、不正知等,所犯重罪,当诵三蕴,依仗佛力,及菩提心,而令息灭。慧生论师说:三蕴为悔罪、随喜、回向,三十五佛忏即具彼义。善天论师说:余二事为依止力,即皈依及发心。菩萨学处无量无边,故此还出法,极为须要,以除故思所造罪外,诸余违犯,皆能净故。

若无终不更犯防护之心,虽忏先犯,亦难清净。如《弥勒狮子吼经》云:"弥勒!后五百世,正法临没时,颇有自称我是菩萨出生于世,彼等不护身语意业,多犯众罪,多行恶业,意谓悔除便得清净,而于当来不善防护。为尽先造诸恶业故,我曾宣说三蕴法门。愚人于彼,贪造众罪,既造罪已,思惟悔除便得清净，不护当来。"因见还出方便，是净尸罗最要支分，故广解释诸大辙轨。

【科】戊四　佛说贪心罪轻之密意

论曰："又于菩萨犯戒道中，无无余犯。如世尊说，是诸菩萨，多分应与瞋所起犯，非贪所起。当知此中所说密意，谓诸菩萨爱诸有情，怜诸有情，增上力故，凡有所作，一切皆是菩萨所作，非非所作，非作所作，可得成犯。若诸菩萨憎诸有情，嫉诸有情，不能修行自他利行，作诸菩萨所不应作，作不应作，可得成犯。"

【释】佛说菩萨多分是由瞋起成犯，非贪所起。其密意为，由爱有情及怜有情增上力故，凡有所作，皆是菩萨所应作事，非作所作，可得成犯。若憎有情，则不能修自他利行。此非菩萨所应作事，作不应作，可得成犯。《庄严经论》云："为利诸有情，生贪无违犯。瞋恚于一切，定违诸有情。"《邬波离问经》云："若诸菩萨正入大乘，犯贪相应罪，尽恒河沙，与犯一种瞋相应罪，依菩萨增上力说，瞋罪极重，由此瞋罪弃舍有情，前能摄受诸有情故。若以烦恼能摄有情，菩萨于彼不应羞怖，故为汝说贪相应犯，皆非有犯。"此事极易误会，寂天菩萨于《集学论》解其密意云："此中密意，即能摄有情，为其差别。"义谓说贪相应，皆无犯者，是如星宿童子因缘，利有情时所开之贪，非说菩萨一切贪心。即彼经前文，别说摄受有情之贪故。

又贪不成犯意说何身，《集学论》云："又此所说，是须成

卷五

153

就增上意乐,及悲愍者。前经又云,邬波离!若诸菩萨不善方便,怖畏贪欲相应违犯,非瞋相应。若诸菩萨善权方便,怖畏瞋恚相应违犯,非贪相应。善权方便,谓以智慧悲愍二心不舍有情。"此说坚固大悲为本大菩提心,成就通达诸法无性胜智慧力。故说贪瞋,有犯不犯之差别,非说无贪糅杂之慈爱,以无智者疑彼与瞋犯罪相同,而待决疑故。亦非菩萨一切贪心皆无违犯,太过失故。当如《集学论》说,见于有情有大义利,由爱有情贪可无犯。若谓为遮无义而瞋云何成犯?答:如云:"若暂容许滋养习气,则失悲心。若断悲愍,即断根本,下当广说。设由瞋恚利彼有情,然由菩萨坏悲愍心,即失有情广大义利。"故全无开。

又以菩萨为境,如胜德童女,由贪作喜菩萨增上力故,死生天中。若瞋菩萨,则如颂云:"佛说如起恶心量,住那落迦经尔㕮。"故绝不相同。如《集学论》解释贪心无犯密意,《菩萨地》意,当知亦尔。

【科】戊五　犯罪大小之差别

论曰:"又诸菩萨软中上犯,如摄事分应当了知"。

【释】如摄毗奈耶摩怛履迦,说由五缘,所犯成下中上品。初由自性建立下品等,谓他胜为上,众余为中,所余为下。复有差别,谓他胜众余为重,陨坠别悔是中,恶作是轻。二由毁犯者,无知放逸所犯是下,烦恼盛故所犯是中,由轻悔故所犯是上。三由意乐者,谓由下中上品三毒所犯,是下中上。四由事故者,谓虽意乐相同,然由其事非一类故,应知所犯成下中上。如同瞋缠，杀傍生趣，杀非父母之人，或人形，或人父母，如其次第，犯陨坠罪，犯他胜罪非无间罪，犯他胜罪及无间罪。五由积集故成下品等，谓犯一至五，不能如法速疾悔除，是下品罪。犯六乃至数尚可知，不能如法速疾悔除，是中品罪。犯无量罪，不可知数，是上品罪。此中除自性及事，不可相合，余三皆等。由无知故犯所犯罪，谓如于犯不闻，不悟，无有觉慧，于其所犯起无犯想，而犯众罪。虽已了知犯所犯罪，谓于所犯虽有觉慧，而住忘念住不正知，由不住念而犯众罪。烦恼盛故犯所犯罪，谓由三毒性猛利故，虽知此事所不应为，然无自在而犯重罪。由轻慢故犯所犯罪，谓于所犯虽有觉慧，然由信解极为下劣，无有强盛宿善因行，于沙门性，于涅槃性，无有顾恋，于佛法僧，无敬、无惮、无有羞耻，不乐所学，由轻慢故随欲犯罪。当知初二是不染污，后二所犯是其染污。如是四缘犯所犯罪，其能对治，谓于所犯学习善巧，恒常安住正念正知，勤修猛利烦恼对治，有惭有愧，恭敬大师，尊重所学。

【科】戊六　安乐住缘

论曰："如是菩萨，依止一切自毗奈耶勤学所学，便得成就三种圆满，安乐而住：一者成就加行圆满。二者成就意乐圆满。三者成就宿因圆满。云何名为加行圆满？谓诸菩萨，于净戒中行无缺犯，于身语意清净现行，不数毁犯，发露自恶，如是名为加行圆满。云何名为意乐圆满？谓诸菩萨，为法出家，不为活命，求大菩提，非为不求，为求沙门，为求涅槃，非为不求。如是求

者，不住懈怠下劣精进，不杂众多恶不善法，杂染后有，有诸炽然众苦异熟，当来所有生老病死，如是名为意乐圆满。云何名为宿因圆满？谓诸菩萨，昔余生中修福修善，故于今世种种衣服、饮食、卧具、病缘医药资身什物，自无匮乏，复能于他广行惠施，如是名为宿因圆满。菩萨如是依毗奈耶勤学所学，成就如是三种圆满，安乐而住。与此相违，当知成就三种衰损，危苦而住。如是略广宣说菩萨，若在家品，若出家品，一切戒已，自斯已后，即于如是一切戒中，分出所余难行戒等差别之相，应当了知。"

【释】菩萨于自毗奈耶中，勤学所学，便得成就三种圆满安乐而住：一加行圆满，谓初于净戒行无缺犯，于三业中清净现行。中于所学；尊重恭敬，安住上品，不放逸行，不数毁犯；后设毁犯，悔除自恶。此由自见清净无犯，昼夜欢喜，安乐而住。二意乐圆满，谓以如法修行意乐，而求出家，非求活命意乐，求大菩提，非为不求，为求沙门，为求涅槃，非为不求。如是求者，于诸善法发勤精进，不住懈怠下劣精进，不杂众多恶不善法。云何不善？谓令现行多生杂染，引招后有。初之过患，谓有炽然热恼身心。第二过患，谓感恶趣众苦异熟。是故长夜引生老死。言沙门者，谓十地中，修行三学之道。言涅槃者，谓无住涅槃。最胜子等说彼二法，皆是正修加行之果。由此能令无杂染，故安乐而住。三宿因圆满，谓诸菩萨昔余生中，修福行施修善，断除大财位障，故令衣服、饮食、卧具、病缘医药、资身什物，自无匮乏，复能施他，由此永离匮乏苦故，安乐而住。与彼三种圆满相违，当知成就三种衰损，危苦而住。如是略就自性，广就一切，宣说菩萨在家出家一切戒已，余难行等七，即此一切戒中分出。

【科】乙三　释其差别分七，谓从难行乃至清净

丙初　难行戒分三

丁初　第一难行

论曰："云何菩萨难行戒？当知此戒略有三种，谓诸菩萨，现在具足大财大族自在增上，弃舍如是大财大族自在增上。受持菩萨净戒律仪，是名菩萨第一难行戒。"

【释】现在具足大财、大族、自在增上，弃舍彼二正受律仪。若能受用自身圆满，共同受用多诸仁慈，可意亲属，作受用者广有仆使，所受用事食等丰饶。由此四缘，名为大财。或增何故受用为长寿命。共为五盛。言语威肃，如欲而转，名大自在。

【科】丁二　第二难行

论曰："又诸菩萨受净戒已，若遭急难坠失命，于所受戒尚无少缺，何况全犯。是名菩萨第二难行戒。"

【释】虽遭急难乃至失命，初所受戒尚无少缺，况全犯戒。

【科】丁三　第三难行

论曰："又诸菩萨，如是遍于一切行住作意，恒住正念常无放逸，乃至命终，于所受戒无有误失，尚不犯轻，何况犯重。是名菩萨第三难行戒。"

【释】从受戒已，乃至命存，遍于一切行、住、作意，恒住正念正知五不放逸。于所受戒，尚不误失毁犯轻罪，何况犯重。余论虽说初为难受，中是难护，后难究竟，然德光论师分为难受、难护二类，后二难行同，是难护，最为善哉。依诸逆缘难守护者，乃至命难守护不犯，依诸学处及一切时难守护者，乃至命终守护不犯微细罪故。如是三戒虽于现在不能实学，应当发愿净修其心，于余生中能如是行。

【科】丙二 一切门戒

论曰："云何菩萨一切门戒，当知此戒略有四种：一者正受戒。二者本性戒。三者串习戒。四者方便相应戒。正受戒者，谓诸菩萨，受先所受三种菩萨净戒律仪，即律仪戒、摄善法戒、饶益有情戒。本性戒者，谓诸菩萨，住种性位，本性仁贤，于相续中，身语二业，恒清净转。串习戒者，谓诸菩萨，昔余生中，曾串修习如先所说三种净戒，由宿因力所住持故，于现在世，一切恶法不乐现行，于诸恶法深心厌离，乐修善行，于善行中深心欣慕。方便相应戒者，谓诸菩萨，依四摄事，于诸有情，身语善业恒相续转。"

【释】一正受戒者，谓如是加行，正受三聚净戒。二本性戒者，谓不待思察、作行、发愿、醒觉堪能，成就六种到彼岸相，住种姓位，于心相续本性仁贤，身语二业恒清净转。三串习戒者，谓昔久远数数串习三聚净戒，即依余生数数修习宿因之力，于诸恶行不乐现行，深心厌离，于诸善行爱乐欣慕。四方便相应戒者，谓依四摄调他方便，于诸有情，身语善业恒相续转。四摄者，一财摄之布施。二既摄受已，教授取舍处之爱语。三于所教义，劝导修行之利行。四如劝他行，自亦如是安住之同事。以上四戒是能趣入一切戒之门，故名一切门。

【科】丙三　善士戒

论曰："云何菩萨善士戒？当知此戒略有五种谓诸菩萨，自具尸罗，劝他受戒，赞戒功德，见同法者，深心欢喜，设有毁犯，如法悔除。"

【释】此戒有五：一自具尸罗。二于处中者，劝他受戒。三于憎戒者，赞戒功德，息彼嫌恨。四见他正行同法者时，深心欢喜，无有嫉妒。五设有毁犯如法悔除。此五于他能断无义，成办义利，具善士业，故名善士戒。由初及后引发自利，由余三戒引发利他。

【科】丙四　一切种戒

论曰："云何菩萨一切种戒？当知此戒以要言之，六种七种总十三种。言六种者，一回向戒，回向大菩提故。二广博戒，广摄一切所学处故。三无罪欢喜处戒，远离耽著欲乐自苦二边行故。四恒常戒，虽尽寿命，亦不弃舍所学处故。五坚固戒，一切利养恭敬他论本随烦恼，不能伏故不能夺故。六尸罗庄严具相应戒，具足一切戒庄严故。尸罗庄严，如《声闻地》应知其相。言七种者，一止息戒，远离一切杀生等故。二转作戒，摄一切善故，饶益有情故。三防护戒，随护止息转作戒故。四大士相异熟

卷五

159

戒。五增上心异熟戒。六可爱趣异熟戒。七利有情异熟戒"。

【释】六种七种总十三种。于六种中，一广博戒，广摄学处故，依处圆满，回向大菩提故，果利圆满。二无罪戒，断除耽著欲乐边故，离染污乐。三顺欢喜处戒，断除自苦疲劳边故，离无义苦。四恒常戒，乃至尽寿修行不舍所学处故，远离学处所有留难。五坚固戒，由于利敬不顾视故，由于自道得坚决故，由能安住断所断故，利养恭敬，他论敌者，本随烦恼，不能映覆不能引夺。诸论虽说"不舍自学受异道戒，故诸他论不能映覆"，不舍所学前戒已说，故非此义。六尸罗庄严，即《声闻地》所说十七沙门庄严，如《声闻地》咀柁南曰："正信而无谄，少病精进慧，具少欲喜足，易养及易满，杜多德端严，知量善士法，具聪慧者相，忍柔和贤善。"（六种开合与汉论不同）。于七种中，一止息戒，谓正受取远离一向不应作事，谓杀生等诸恶行故。二转作戒，修学一向定应作事，谓摄善法，饶益有情。三防护戒，恒不放逸，随护止息，转作二戒。四大士相异熟戒，能正修行于诸地中所称妙相。五增上心异熟戒，能正引生菩萨无量胜三摩地。六可爱趣异熟戒，能正引生人天之身。七利有情异熟戒，能生有情义利大果。此四是由戒果分别。德光论师说：四中初戒是摄善法，中间二戒是律仪戒，后是饶益有情戒。德光论师又说：六种明具何德，七种是明白性及果相差别。

【科】丙五　遂求戒

论曰："云何菩萨遂求戒？当知此戒略有八种，谓诸菩萨自谛思惟，如我希求，勿彼于我，现行断命，不与而取，秽欲邪行，虚妄离间，粗恶绮语，手块杖等诸非爱触，加害于我。我求是已，他若相违而现行者，我求不遂，我意不悦。如我希求，他亦如是。勿我于彼现行断命，广说乃至恶触加害。彼求是已，我若相违而现行者，彼求不遂，彼意不悦。我之所作，若有令他所求不遂意不悦者，何现行为？菩萨如是审思惟已，命难因缘，亦不于他现行八种所求不遂不悦意事。如是八种，说名菩萨遂求戒。"

【释】此有八事。自不希求断命等八，违彼八事是所希求。若他为作所不希求断命等八，我求不遂，我意不悦。如我希求，其他有情亦复如是。比度自心审思惟已，乃至命难，亦不于他现行八种不遂求事。八不求者，所谓断命，不与而取，秽欲邪行，虚妄，离间，粗恶，绮语，手块杖打伤害之触。后三同是非可爱触。八希求者，与上相违长寿，大财，妻妾贞良，不受欺诳，眷属不破，闻和美言，有义利语，可爱之触。如是除遣八不遂求，引发八种希求之戒，名遂求戒。

【科】丙六　此世他世乐戒

论曰："云何菩萨此世他世乐戒？当知此戒略有九种：谓诸菩萨，为诸有情，于应遮处，而正遮止。于应开处，而正开许。是诸有情，应摄受者，正摄受之。应调伏者，正调伏之。菩萨于中身语二业常清净转，是则名为四种净戒。复有所余施忍精进静虑般若波罗蜜多俱行净戒，则为五种。总说名为九种净戒。如是

卷五

161

菩萨所有净戒，能令自他现法后法皆得安乐，是故说名菩萨此世他世乐戒。"

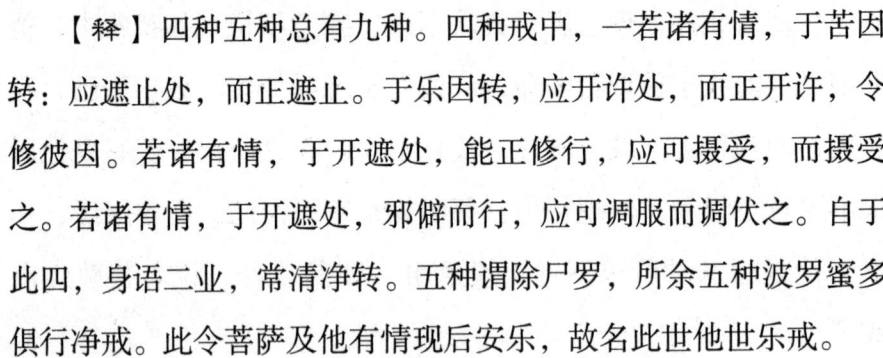

【释】四种五种总有九种。四种戒中，一若诸有情，于苦因转：应遮止处，而正遮止。于乐因转，应开许处，而正开许，令修彼因。若诸有情，于开遮处，能正修行，应可摄受，而摄受之。若诸有情，于开遮处，邪僻而行，应可调服而调伏之。自于此四，身语二业，常清净转。五种谓除尸罗，所余五种波罗蜜多俱行净戒。此令菩萨及他有情现后安乐，故名此世他世乐戒。

【科】丙七　清净戒

论曰："云何菩萨清净戒？当知此戒略有十种：一者初善受戒，惟为沙门三菩提故，非为命故。二者不太沈戒，于违犯时，远离微薄生悔愧故，及不太举戒，远离非处生悔愧故。三者离懈怠戒，于睡眠乐倚乐卧乐不耽著故，昼夜勤修诸善品故。四者离诸放逸所摄受戒，修习如前所说五支不放逸故。五者正愿戒，远离利养恭敬贪故，不愿生天而自要期修梵行故。六者轨则具足所摄受戒，于诸威仪所作众事，善品加行妙善圆满，如法身语正现行故。七者净命具足所摄受戒，离矫诈等一切邪命过失法故。八者离二边戒，远离受用欲乐自苦二边法故。九者永出离戒，远离一切外道见故。十者于先所受无损失戒，于先所受菩萨净戒无缺减故，无破坏故。如是十种，是名菩萨清净戒。"

【释】十种戒中，初善受戒，于修道时为求沙门，于究竟位为大菩提而受净戒，非为脱离王等逼迫，非为活命而受尸罗。不太沈戒，于诸学处有违犯时，离微薄悔。微薄悔愧即是太沈，离彼即是生大悔愧。《声闻地》云："云何名为太极沈下？谓如有一性无羞耻，恶作羸劣，为性慢缓，于诸学处所作慢缓。"故无微薄悔愧，当知是生极大悔愧。若谓微薄悔愧全无，由无悔故名不太沈，是颠倒说。不太举戒，违佛未制非可悔处，而生追悔，是名太举，故当无彼。离懈怠戒，于睡眠乐、卧乐、倚乐、不生耽著，遍于昼夜勤修善品。杂诸放逸所摄受戒，习于前说，五不放逸。正愿戒，不贪利养，非愿生天誓修梵行。轨则具足所摄受戒，于行住等诸威仪路，披法衣等所作众事，习读诵等善品加行，不违世间及毗奈耶，身语现行妙善圆满。净命具足所摄受戒，离诡诈等五种邪命一切过失。离二边戒，从他追求或法非法，衣服饮食诸卧具等，爱玩受用，不观过患，名欲乐边。若卧荆刺及灰垄等，若三事火，三入水等，而自煎逼受极苦楚，修自苦行，皆当远离。永出离戒，远离一切外道恶见。于先所受无损失戒，不于一切都无羞耻，不顾学处，违越佛制而成缺减，不犯根本而全破坏。如是总标说为十种，次广释中凡说十一。最胜子云："此二对治，谓如所制正修学故，便得清净。"此说于所学处，不勤修学太沈之过，与于未制学处随转，太举之过，其能对治，总合为一。故不太沈及不太举合二为一。功德光论师云："意乐之过略为二种：一受时恶受，二守护时太沈太举。"亦将彼二总合为一（汉译亦尔）。《传释》则说："于先所受无损失戒，摄结前十。"此一切说皆不应理。论师自于声闻地中，说十净违

卷五

163

品过失时云:"放逸懈怠所摄"总彼二为一,故不放逸,与无懈怠二合为一,是论意趣。"一者最初恶受。二者太极沈下。三者太极浮散。四者放逸懈怠所摄。五者发起邪愿。六者轨则亏损所摄。七者净命亏损所摄。八者坠在二边。九者不能出离。十者所受失坏。由离如是十亏损缘,当知说名尸罗圆满,尸罗清净。"

【科】乙四　尸罗胜利分二

丙初　究竟胜利

论曰:"如是菩萨大尸罗藏,能起当来大菩提果,谓依此故。菩萨净戒波罗蜜多得圆满已,现证无上正等菩提。"

【释】如是菩萨大尸罗藏,能生大菩提果,谓依此故,圆满戒度,证无上觉。言大藏者,谓是广大福德资粮,或戒广博、无量、圆满。

【科】丙二　现时胜利

论曰:"乃至未证无上菩提,依此无量菩萨戒藏正勤修习,常能获得五种胜利:一者常为十方诸佛护念。二者将舍命时,住大欢喜。三者身坏已后,在在所生,常与净戒若等若增诸菩萨众为其同分,为同法侣,为善知识。四者成就无量大功德藏,能满净戒波罗蜜多。五者现法后法,常得成就自性净戒,戒成其性。"

【释】未成佛时得五胜利:一如上所说为佛护念。二临命终时,住胜欢喜。三身坏已后,随所生处,常有净戒若等若增诸菩萨众为众同分,为同法侣,为善知识。四现法成就,能满戒度无量福聚。五后法亦得自性净戒戒为其性。第二之义,最胜子等释为"由其思惟后世能遇诸佛菩萨,超离死畏得大欢喜。"传释说:彼及由成就无量善根,无恶趣畏,其为二缘,住大欢喜。五利如次,德光论师说为增上果、离系果、异熟果、士用果、等流果。离系果者,谓伏恶行,及由正愿能离忧恼。

又寂天菩萨意,第一胜利,是通二世所得胜利。谓住戒时,诸佛菩萨即便念其如子如弟,令彼善法增长不退。第二第四是现法胜利,谓临命终时,不畏恶趣,由见能生胜妙善趣,故得欢喜;及在世时,刹那刹那,能长无量功德资粮,如《入行论》云:"何时欲度脱,无边众生界,从受彼心已,睡眠或放逸,然彼福德力,恒常无间断,众多等虚空。"第三第五是后生胜利,谓善知识之所摄受,及经多生不失律仪。又多生不失律仪之缘,如《迦叶问经》说,不忘失菩提心之因,谓断四黑法等。《三摩地王经》云:"如人数观察,由住彼分别,能令心于彼,如是如是住。"若能数数作意思惟,然后内心方能流注,故诸智者,由见如是无上胜利,当受菩萨净戒律仪,勇猛修学。

【科】乙五　尸罗总摄

论曰:"如是如上所说,一切自性戒等九种尸罗,当知三种净戒所摄,谓律仪戒,摄善法戒,饶益有情戒。"

【释】如是一切自性戒等九种尸罗,当知皆是律仪戒等,三戒所摄。最胜子及《传释》说,九种一一,皆通三种净戒所摄。

【科】乙六　尸罗所作

论曰:"如是三种菩萨净戒,以要言之,能为菩萨三所作

事，谓律仪戒能安住其心，摄善法戒能成熟自佛法，饶益有情戒能成熟有情。如是总摄一切菩萨所应作事，所谓欲令现法乐住安住其心，身心无倦，成熟佛法，成熟有情。如是菩萨，惟有尔所菩萨净戒，惟有尔所净戒胜利，惟有尔所净戒所作，除此无有若过若增。过去菩萨，求大菩提已于中学。未来菩萨，求大菩提当于中学。普于十方无边无际诸世界中，现在菩萨求大菩提今于中学。"

【释】何故尸罗定为三聚？答：菩萨所作略惟有三，谓于现法，无染安乐安住其心，由依彼故成熟佛法，成熟有情。此等即由律仪戒、摄善法戒、饶益有情戒之所成办。由是因缘，若不遮止恶行，勤修律仪戒，令心堪能安住善缘，则后二戒全无基础。故如前引《摄抉择分》文，于律仪戒先应爱护。又论说彼，即是七众别解脱戒，故诸菩萨，于自所受圣教根本别解脱戒，当勤修学。龙猛菩萨亦珍重宣说，如《宝鬘论》云："其次出家者，先当敬所学，别解脱调伏，勤闻决择义。"故二大辙，于此义理，同一意趣。余二戒中，先当勤修能自成熟摄善法戒，自未成熟能成熟他，无有是处。惟有尔所菩萨净戒，或九或三。惟有尔所净戒胜利，谓前六种。惟有尔所净戒所作，即前三种，现法乐住安住其心身心无倦，成熟佛法，成熟有情。除此性戒、胜利、所作三事而外，更无过上，及除此三，更无增多此所不摄。"过去菩萨"等如前所引，三世一切菩萨，皆惟学此，非是一类于此中学，及余一类于余处学。故是如理修学佛道一切菩萨，共行之道。故于此道，应离疑惑。此是学习尸罗方便，于余五度，及四摄等学习之法，皆当了知，至心修学。虽说尔时若不能学所余学处，无有违犯，然乐修学余学重担，于一切种不应弃舍。如是于初发业菩萨，最初切要《菩萨戒品》，若引全论照文解释，诚恐太繁。故取少义，依《菩萨地》两部注释，及此《戒品》二种诠释，并依其余所注义同，《集学》、《入行》本释等清净之论，及诸契经，广为抉择受护还净，关要难处。

传谓云海之释者，与造《菩萨地广释》之云海虽系同名，然非彼师。

> 随入何大乘，成佛所必须，
> 大乘道栋梁，谓愿行二心。
> 受已不如誓，学习菩萨行，
> 非佛菩萨说，更有种智道。
> 愚者见显密，开遮少有殊，
> 错解增上慢，灭大乘净道。
> 故趣金刚道，依弥勒龙猛，
> 无著释经义，发心受津仪。
> 学六度为基，次加金刚道，
> 愚夫弃圆美，大乘受余道。
> 佛菩萨共道，净菩萨戒法，
> 除至教正理，未染臆造垢。
> 能如佛密意，以显言训释，

卷五

由敬妙音力，故我常敬礼。

我愚大乘深，定有失文义，

当对圣智悔，悲者纠其非。

佛教尤大乘，道命多隐没，

为令圣教住，精勤所集福。

维愿诸众生，不著相似路，

见真圆满道，精进勤修行。

愿我一切生，妙音尊摄受，

解大乘度生，弘扬诸佛教。

一九三五年二月十五日

译于缙云山世界佛学苑汉藏教理院双柏精舍